［箱根マイセン庭園美術館所蔵］

マイセンの誘惑

村田朱実子 ―私の宝石箱―

前田 正明 監修・序

凡例
・本書に掲載した作品は、箱根マイセン庭園美術館所蔵作品の中から選出し構成した。
・本書に掲載した作品の製作年代及び寸法は箱根マイセン庭園美術館の資料にもとづく。
・作品の寸法の表示については、Hは高さで、Wは幅を表す。単位はセンチメートル。

撮影／荒川健一　　装幀·エディトリアルデザイン／（株）ノリック

［箱根マイセン庭園美術館所蔵］

マイセンの誘惑

村田朱実子―私の宝石箱―

【目　　次】

【作品一覧】

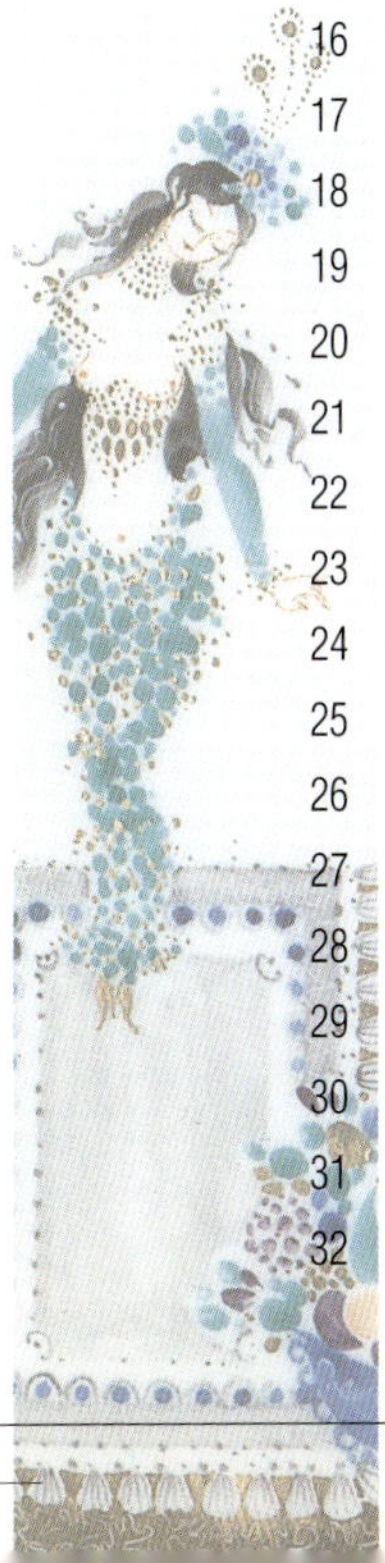

ドレスデンにて（わたしのマイセンの旅はいつもここから始まる）

はじめに

２００５・２００６年は、日本におけるドイツ年としてさまざまなイベントが開催されました。加えて２００６年、ドイツはサッカーのワールド・カップの開催国となり、世界の若者達を熱狂させたことは私どもの記憶に新しいところです。

私はこのドイツ年にちなんで、早稲田大学オープンカレッジならびに明治大学のリバティー・アカデミーの依頼を受けて、これまでに収集して来た数千点のマイセンの小彫像や絵皿について講演を行いました。本書はその内容を簡略にまとめるとともに、マイセンに対する私の思いも付し、前著の『マイセンの華』『マイセン人形』と同様に、前田正明先生のご監修により構成したものです。

講演ではできる限り美術館が所有する作品も紹介し、スライドを中心に解説いたしました。講演は多くの受講者の皆様にご参加いただき、私の予想をはるかに超えるものとなりました。

私のコレクションにはマイセン初期の作品もふくまれていますが、その多くは19世紀のものが中心です。中でもケンドラーの後継者として18世紀にフランスから迎えられ、マイセンにロココ様式や新古典主義様式を伝えたフランスの彫刻家アシェや、ドイツのユーゲントシュティールのショイリッヒやベットガーの炻器を再現したバルラッハの作品は思い出深いものです。

さらに現代のマイセンでは１９６０年に誕生した「芸術創造のための集団」があり、彼らは私の最も深く愛している作家達で、他のヨーロッパの伝統ある名窯とは違い、彼らの芸術的創造のフィールドはまったく独自のものです。

私は今回の二つの大学での講演会を機に、今後一層マイセン磁器の収集に努め、美術館のコレクションを充実させるとともに、微力ながらマイセン磁器の魅力について語り続けていきたいと考えております。

箱根マイセン庭園美術館館長

村田　朱実子

【ベットガーの工房を訪ねる】

美術評論家　前田正明

悠々たるエルベの流れ。ザクセンの州都ドレスデンは今次大戦で聖マリア教会をはじめ重要な建築物はすべて破壊されたにもかかわらず、現在はすっかり復興して往時の北のバロック、あるいは北のフィレンツェとたたえられる美しい街となっている。とくに町の中心を成す壮大なツヴィンガー宮殿は、旧東ドイツ時代は、最大の国立絵画館、陶磁器陳列館、歴史博物館として機能し、多くの人々が訪れていた。

1973年の夏、わたしはドレスデン磁器の発明者ベットガーの磁器発明に取り組んだ工房を訪ねるためにケーニッヒシュタインの古城に車を走らせた。

ドレスデンからエルベ河を渡り、郊外に出て沿道に真っ赤な実をつけたサクランボの並木道が数キロにわたって続く丘陵地帯を通り過ぎ、さらに未舗装の山道を右に左にくねって数十分、眼前に堅固な城壁がそそり立つ古城にたどりついた。ドレスデンから約40キロメートル。戦争中の資材運搬用の大きなエレベーターで城内に上がった。王城はまさしく軍略、景勝の地で、眼下には遊覧船が白い波をなびかせる雄大な流れと、緑深い丘陵地帯のかなたには遠くザクセンの山々が峰を連ねている。

この城の歴史は古く、その起源は13世紀にさかのぼるらしい。目的のベットガーの工房は二重のはね橋のある城門右の崖の上にある。人一人がやっと通れるような狭いジグザクの石段を登りつめたところにある石組みの天井の低い建物で、部屋の数はたしか三つ、奥の一室が少々広くなっている。外光を採るため鉄棚をかけた小さな窓が一つか、二つあるだけだ。

はじめて見た私の印象は、工房というよりまるで獄舎であった。

ベットガーは3年間ここに軟禁され、磁器製作の実験を繰り返し、ついに、1709年、この工房において磁器焼成に成功したのである。現在工房には彼の偉業をたたえる一文が掲げられ、その下に朱泥手の炻器で作られた胸像が置かれている。また壁のガラスケースの中には彼が製作した初期の小品、彼の実験に使用したビーカーやへら類、彼が手にした実験の記録などが十数点並べられている。

私はこれまで5回ドレスデンを訪れた。その1回目はマイセンが東ドイツ社会主義の時代で、まったくの個人旅行で軍人が座席を占拠している苦しい旅の時代であった。このため2度目は前もって在来の東ドイツ大使館に連絡しておいたので、旅行先ではかなり便利に快適に旅行することができ、ノイエ・ドレスデンなどドレスデンの街を時間をかけて見ることができた。その第3回目は東西ドイツの統一の直後で、このときはマイセンの工場、モーリッツブルグ城、このあとベルリン、ケルンなどを訪ねた。そして観光局の案内でモーリッツブルグ城で鹿の肉を頂戴するなど贅沢な旅であった。

このようにさまざまで、それぞれの旅はまるでベットガーの多感で多難なその生涯を想わせるものであった。

ドレスデン

ケーニッヒシュタインの古城

ベットガーの工房

ベットガーの胸像

ツヴィンガー宮殿（上）　王の通りの「君主の行列」（下）

【マイセンとともに過ごす日々】

箱根マイセン庭園美術館
館長　村田朱実子

【マイセンとの出逢い】

私が初めてマイセンに触れたのは、今から30年ほど前のことです。当時、東京でレストランを経営していた私は、お店の調度やディスプレイのための品を求めて、イギリスを訪れていました。幾度となく買い付けに訪れているうちに、すっかり西洋アンティーク家具の虜になってしまったのです。

港町神戸に生まれた私は、幼い頃から見聞きした神戸の街並みや文化に深く影響されて育ちました。当時の神戸は、エキゾチックな山手通りをはじめ、貿易商や日本駐在の外国人宅など、ヨーロッパの香りが漂う街でした。子ども心に、西洋の豊かさや歴史の深さを身近に感じ、ヨーロッパに憧れにも似た思いを抱いていた私は、神戸のYMCAに通い必死で英会話の勉強をしたものです。

いつかは山手通りにある邸宅に住み、洒落た家具や調度品に囲まれた生活を夢見ていた幼い頃の私……。そんな子ども時代の夢がイギリスで甦ったのです。

余談になりますが、アンティーク家具に夢中になって足しげくイギリスに通い、持ち前の収集癖に拍車がかかった私の家は家具に埋もれんばかり。とうとう、家具用の家を購入する羽目に陥ってしまいました。

大切に丁重に扱われてきた素朴だけど重厚な古民家の家具。サロン風の居間を輝かせる家具。代々、受け継がれ、家族の一員のように慈しまれてきた家具。そんな本物の家具を求めて、幾度となくイギリス各地に出向いているうちに、家具ばかりではなく、さまざまな小物たちに出逢う機会が増えていきました。

そんなある日、イギリスのエジンバラまで足を伸ばし、小さなアンティーク・ショップを訪れたときのことです。その店の奥に、金彩の施された猫脚のキャビネットがあり、中には世界中から集められた磁器がぎっしりと詰められていました。

その中に、ロココ調の絵付けが施された、四角いマイセンのお皿があったのです。

「ポーセリン・キャビネット」巾が3mもある広いもので、2度と手に入ることのない一品です。この中にはマイセンのお皿が31点飾ってありますが、とても感動的な一枚の絵のように仕上がっています。

「チューダ調の家具」

「ドレッサー」とても繊細かつゴージャスで、鏡に姿が美しく映えます。

「チューダ調の家具」スコットランドで買い求めた、約300年前の貴重な家具です。

「ポーセリン・キャビネット」この中には、女性達の憧れの「アラビアン・ナイト」のサービス・セットを飾っています。

【マイセンのぬくもり】

キャビネットの中には、ロイヤル・ウースターやロイヤル・ドルトンなどイギリスを代表する窯のもの、また、フランスのリモージュやガレのデジュネセットなど、今ではなかなか手に入らないような逸品が詰まっていました。なかでも、ひときわ目を引いたのが、件のマイセン絵皿だったのです。この、ロココ人物とドイツの花を描いた「黒地色絵金彩四方皿」は、私のコレクションの写真集『マイセンの華』（日貿出版社）に収載してあります。もちろん、「箱根マイセン庭園美術館」でも公開展示しています。

それまで、家具にばかり目を向けていた私は、中に収めるものにまで気が回っていませんでした。そのときも、その小さなお店の奥にあったキャビネットが気になり、これまで収集した家具にはない温かみを感じたのです。

↑これらのディスプレーによっても、館内のマイセンたちの雰囲気がとても解け合って、ホッとするような空間が作り上げられたかと思います。この美術館の中の展示はすべて私のコーディネイトによるものですが、私の人生そのものがいっぱいにつまっております。

それは、私にとっては運命的な出逢いだったように思えます。そのときまでの私は、家具を、部屋を飾るものとして見ていたことに気づきました。しかし、このキャビネットは明らかに違ったのです。この家具は部屋のためではなく、中に収められた磁器たちのために作られている！　私にはそう見えました。

迷うことなく私は、中身ごとキャビネットを買い求めました。一つひとつ、一枚一枚、触れていく中に、かのマイセンがあったのです。

深い黒、透き通る白、繊細な花びら、息遣いが聞こえそうな人物……。初めてマイセンの魅力に触れた私です。あのときのことを思い出すたびに、エジンバラの小さなアンティーク・ショップの佇まいとともに、心にほんわかとしたぬくもりが甦ります。

【お帰りなさい「仮面舞踏会」】

エジンバラの出来事から数カ月が過ぎた頃だったでしょうか。私がマイセンのための美術館を開館したいと願うきっかけとなった出逢いがありました。

それは、ロンドンのアンティーク街でのことです。私の眼に一対の人形が飛び込んできました。眼が釘付けになるというのはこういうことなのかと実感させられるほど、その人形は私をとらえて離しませんでした。人形のタイトルは「仮面舞踏会」。19世紀オランダのデルフト焼きとされる人形で、高さはどちらも60㎝ありました。男性と女性がペアになった、それはそれは、美しい人形たち。端正な顔立ち、シルクのドレスのしなやかさ、色彩の鮮やかさに、私は深い感動を覚えたのです。

「仮面舞踏会の男女」　美術館のエントランスで皆様をお迎えしています。

「仮面舞踏会の男女ペア」
このロンドンのアンチーク街で出逢った人形が陶器に何の興味もなかった私に新鮮な感動を与えてくれたのです。この色の鮮やかさ、シルクのドレスのしなやかさ、オランダのデルフト焼きの陶器です。

「角皿」
収集初期に購入したロココ調時代のお皿です。この出逢いがマイセンに魅せられ収集を始めたきっかけになったのです。

人形たちは大切に木箱に納められ、ロンドンから船旅をして私の元に届きました。私一人で箱を開けるのはもったいないような気がしたので、友人たちを招き、一緒に木箱から取り出すことにしました。この喜びを多くの人と共に味わいたいと思ったからでした。

箱から現れた人形を見つめていると、涙があふれて止まらなくなってしまいました。私たちは二つの人形を前にワインで乾杯しました。そして思わず、「お帰りなさい」と声を掛けてしまったのです。

長い長い時間の旅を経て、遠い遠い道のりを越えて、私の元にたどり着いてくれた。丁寧にやさしく作り上げた人の手の、そして、大事に大事に育て上げた人のぬくもりを感じ、よくぞ自分の元に来てくれたという思いが、自然に「お帰り」という言葉になったのでしょう。

そのとき私は、人形たちと約束をしました。「あなたたちにふさわしい館を造ります」と。

その約束が実を結んだのが、現在の「箱根マイセン庭園美術館」です。美術館のエントランスでは今日も、この人形たちがお客様をお出迎えしています。

【コレクションの旅】

アンティーク家具からマイセンへ。私のマイセンコレクションは、「仮面舞踏会」を手にしたときから始まりました。ショップ巡りも楽しいのですが、コレクションの醍醐味はやはりオークションでしょう。

私が初めてオークションに参加したのは、マイセンコレクションを始める以前のことでした。オークション会場はスコットランド。かの地に住んでいた知人の紹介で、あるオークションに参加することができたのです。それまで、レストランのイベントとして、お客様といっしょに品物を持ち寄ってオークションの真似事をしたことはありますが、本格的なオークション参加はそのときが初めて。私は、レストランの壁面を飾る絵を買おうと、勇んで参加したのです。ところが、これだ！と思った絵を落としたつもりが、タイミングを失してしまい、競り落としたのはなんと2枚の絨毯でした。

これらの絨毯は今も、「箱根マイセン庭園美術館」のエントランスに敷いてあります。ほろ苦い失敗の産物だった絨毯ですが、今では美術館の雰囲気にも馴染んで、お気に入りの逸品になっています。

現在、海外のオークションに参加するのは年2回ほどでしょうか。自分の眼だけを頼りに、価値あるものを競り落とす醍醐味は何ものにも代えられません。現代マイセンなら間違うことはありませんが、古マイセンとなるとマイセンマークが入っていても失敗することがあります。一方で、見る眼さえ確かなら、一点しか購入できなくても、ビジネスとして満足いく結果が得られます。

現在、私のマイセンコレクションは1000点以上に及びます。自分でも「これはもう病気だなあ」と思うことがあります。

「接吻する男女」（クリノリンスカートシリーズ）／ケンドラー原型

「踊る男女」（クリノリンスカートシリーズ）／ケンドラー原型

「庭園の子供たち」（フォーシーズンシリーズ「春」）

【癒しのマイセン】

世界一のコレクターでもあったアウグスト王が「磁器は魔物だ」と言ったという逸話がありますが、私もまったく同感です。自分でも、魔物に取り付かれたように集めてきましたし、今も買い続けています。

どうしてこんなに魅せられてしまったのだろうと思うことがあります。昔から華やかなものが好きだったということもありますが、それだけが動機ではないようです。マイセンに到達するまでにも、アンティーク家具を夢中で買い集めていたこともありますし……。

東京でレストランを開業するまでは専業主婦をしていましたが、結婚7年目のとき、交通事故で夫を亡くしました。あっという間の出来事でした。今まで元気で傍にいた人が目の前からいなくなるということの意味が分かりませんでした。長男が5歳、次男が3歳、三男はまだお腹の中にいました。ショックで三男は2カ月の早産。悲しみは一年以上続きました。いえ、悲しみというより、深い喪失感、底のない孤独の中で時が経つのをただ待っていたような気がします。35年も前のことです。

レストラン開業は立ち直るための第一歩でした。そのときから、いい意味での開き直りができて、怖いものがなくなったような気がしています。

私の収集癖は、あのときの言いようのない孤独感を何とか埋めようとして始まったのだと思います。求めても求めても埋まらない渇望感の中で、ひたすら美しいものを集めているのかもしれません。

そんな私を慰めてくれるのが、マイセンの人形たちです。とくに私が大好きなのは18世紀末に作られた愛くるしい人形たちです。ふっくらとした頬、柔らかな動き、透き通る白い肌。古い時代の丸顔の人形たちに出逢うと、迷うことなく連れて帰りたくなります。

マイセンの人形たちには、ブロンズ像のような生硬さがありません。落とせば壊れてしまう危うさがあるからこそ、大事に扱おうと思います。壊れゆくものだからこそ愛しさが募るのです。その思いが、孤独を癒してくれるのかもしれません。

朝になると私は、人形たちに「おはよう」と声をかけます。200年以上を生きた彼らが、私たちを見守ってくれている。そう感じているのは私だけでしょうか。

【永遠の恋人「テーラー」】

マイセン愛好家として、コレクターとして、「欲望」はとても大切だと思っています。欲しいものがあることで、何かをしようという意欲が湧いてきます。何年越しに恋焦がれていた逸品に出逢うだけで、出逢えた喜びと同時に達成感すら感じることができます。愛好家の鉄則は、「出逢ったときに購入する！」ことかもしれません。「今度」はないものと肝に銘じています。

マイセンは裏切ることのない永遠の恋人です。いつか逢いたいと思っているのは、マイセン人形「テーラー」（仕立て屋）。5年前に一体見つけたのですが、残念ながらマークが入っていなかったので購入をあきらめたことがあります。でも、念じていれば、きっといつか出逢えるはずと、希望を持ち続けています。

今年はマイセン誕生300年の記念の年。年の初めに1カ月かけて、イタリア、ドイツ、フランス、イギリスのアンティークフェアやマイセン新作発表会を巡り、マイセンに出逢う旅をしてきました。「マリー・アントワネット」の絵皿や、可愛い鉢カバーを仕入れてきましたので、またお見せする機会もあろうかと思います。「ベットガー炻器」もオーダーしてきました。今年中には手に入るはずなので、とても楽しみに待っています。

「色絵金彩大皿（花綵文）」

「白地金箔プラチナ絵付け皿（エーデルワイス文）」

「ロシアン・バレー（パブロア）」／ショイリッヒ原型

【暮らしに緊張感を】

マイセンを集めたい、マイセンが大好きという方に、よく、「どのように収集すべきですか」とか「どう扱えばよいのでしょう」と尋ねられます。そんなとき私は、「出逢いを大切に」とお答えするようにしています。

セットで購入する必要もありません。気に入った一点を少しずつ、いろんな絵柄を楽しみながら単品で集められたらいいと思います。そして、お求めになったら、棚に飾るのではなく、ぜひお使いくださいと申し上げたいのです。

マイセンは芸術品です。確かに高価なティーカップかもしれません。でも、大切に大切に扱いながら、お茶を注ぎ、目で、舌で味わうことが食器の命でもあります。ぞんざいに扱えない食器でお茶や料理を味わっていただくだけで、身の引き締まる思いがするでしょう。暮らしの中でその緊張感を味わっていただければと思うのです。きっと、血液もサラサラになりますよ。日常生活で用いていただくことで、心が豊かにはぐくまれていきます。

さらに、マイセンは、次の世代への贈り物となる世界的な宝物です。ぜひ、子どもたちの代まで、孫の代まで、受け継いでいってほしい。それが、マイセンを手にした者の使命だと思います。

私自身も、念じていれば夢は叶うと信じ、まだまだマイセンの世界をさまよってまいります。マイセンワールドの素晴らしさを世界中に発信し続け、磁器としての技術と文化を、私なりに伝えていきたいと思っています。そして、次の世代へとしっかり継承していく使命を果たしてまいります。

2007年2月　箱根マイセン庭園美術館にて

マイセンの街は
陶磁器職人達の
長い歴史が醸し出す
優しくもきびしい空気に
包まれている

マイセン美術館↑

マイセン磁器製作所↓

マイセン磁器製作所に建つ
ベットガー像←

箱根マイセン庭園美術館

箱根マイセン庭園美術館は、２０００年の７月に開館し、全国のマイセン愛好家のご支持をいただけるコレクションを公開してまいりました。そして、現在では７００点をこえる美しい人形、ディナー・セット、飾り皿、コンポートからなる構成で企画展を開催しております。自然豊かな箱根の森の新しいアートスポットで伝統美の極致との出会いによる、優雅なひとときをお楽しみ下さい。

〔庭園〕

どこまでも豊かな緑をたたえた約６００坪の庭園。高原の澄みきった空気と目に映る緑は自然の恵みそのもの。時を忘れてしまう静寂の中で、ごゆっくりおくつろぎください。

〔カフェ・マルコリーニ〕

こだわりの英国直輸入紅茶、コーヒー、自慢のケーキ、ソーセージは絶品。自然に囲まれた庭園で過ごすティー・タイムは、まさに至福の時。

〔センターテーブル〕

美術館1階の中央にあるテーブルでは、季節やイベント毎のテーマを決めて展示物をご覧いただきます。テーブルの上に輝く19世紀のマイセン・シャンデリアの凝った装飾にもご注目ください。

〔ショップ・マルコリーニ〕

マイセンを中心としたドイツの陶磁器をはじめ、イギリス、フランス、ロシアといった国々の器やアンティーク小物をお求め易いお値段でとりそろえております。その他にも贈り物、ギフト雑貨もございます。マイセン庭園美術館ならではのラインナップでお客様の御来店をお待ちしております。なお、委託販売なども承っておりますので御要望がありましたら御来店の折にご相談下さい。

［交通のご案内］

●車／東名高速道路御殿場I.C.から乙女峠経由で14km（平常時25分）、厚木I.C.から小田原厚木経由で49km（平常時60分）●電車／東海道新幹線小田原駅から箱根登山バスで50分。小田急ロマンスカー箱根湯元駅から箱根登山バスで35分「南仙石原」下車徒歩２分。●バス／小田急高速バス新宿駅西口から２時間10分「南仙石原」下車徒歩２分。

■入 館 料：大人1600円　学生1100円　小人800円（中学生まで）
■営業時間：午前9:00～午後6:00（夏期）　午前9:00～午後5:00（冬期）
※夏期／7月～11月　冬期／12月～6月
■施　　設：ショップ・マルコリーニ、カフェ・マルコリーニ（ガーデンカフェ）
■駐 車 場：30台（駐車料無料）

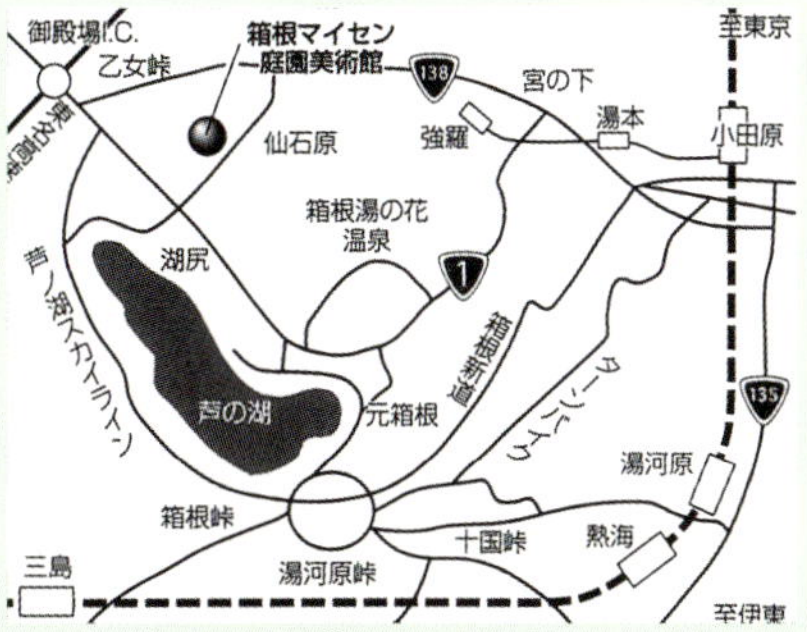

箱根マイセン庭園美術館
〒250-0631　神奈川県足柄下郡箱根町仙石原1246-602　電話0460-84-2027

現代に復活するマイセン……

マイセンでは記念の年に、数ある名品の中から厳選し、世界限定品として復刻してきた。それを手にする喜びは何ものにも変えがたいものである。

1＝鍵型の祝杯（原型＝イルミンガー／H40×W21／1999年の世界限定品）・19個中の8番

2＝スノーボール蓋付き壷（原型＝ケンドラー／H65／19世紀初頭）

不世出の天才彫刻家・ケンドラー……

ヨハン・ヨアヒム・ケンドラーはアウグスト強王の没後、マイセンの基礎をつくり上げた。その造形は、数々の動物の彫像からここに紹介する「猿のオーケストラ」「白鳥のセルヴィス」「クリノリンスカートシリーズ」「スノーボール」など多岐にわたる。掲載した「猿のオーケストラ」では、楽器を演奏する姿がコミカルに、かつ絶妙に表現されている。

3＝猿のオーケストラ（原型＝ケンドラー）　トランペット奏者（H15）／太鼓奏者（H17）／女性歌手（H15）／指揮者と譜面台（H17）／トライアングル奏者（H15）

4＝ボローニャ犬（原型＝ケンドラー／H30）
5＝ロシアン・グレーハウンド（原型＝オットー・ピルツ／H27）

6＝合奏する男女
（クリノリンスカートシリーズ／原型＝ケンドラー／H15）

7＝フォーシーズン（原型＝アシェ／右より春・秋・夏・冬／各H15）

五感人形……

それぞれが視覚、聴覚、触覚、味覚、嗅覚を表す人形からなる。ギリシャやローマの神話に取材したものや宮廷風のそれなど、いくつかの種類があるが、ロココの雰囲気を伝えるシェーン・ハイトのものが有名である。

8＝五感人形・嗅覚（原型＝シェーン・ハイト／H14／18世紀後半）

9＝五感人形・触覚（原型＝シェーン・ハイト／H15／18世紀後半）

10＝五感人形・視覚（原型＝シェーン・ハイト／H14／18世紀後半）

11＝ワインの仕込み（原型＝アシェ／H20／18世紀後半）

12＝犬と少女（原型＝アシェ／H15／18世紀後半）

13＝猫と少女（H15）

マイセンの花……
花のイメージの源泉も、ギリシャ神話やキリスト教、そして地方の民間伝承に及んでいる。アイリス、アネモネ、水仙、チューリップ、バラ、忘れな草など、彩り豊かな表現はマイセンならではの気品に満ち溢れ、わたしたちを引きつけてやまない。

14＝花の装飾付きカップとソーサー（19世紀）

15＝黒いバラのカップとソーサー
（原画＝アシェ／カップ H6）

16＝色絵皿
（マイセンの花／径24）

17＝藍地色絵皿
（マイセンの花／W37）

ショイリッヒ……
１９３７年のパリ万博で６点の作品がグランプリを受賞したパウル・ショイリッヒにより、マイセン磁器製作所は再び王者の道を歩むことになる。「ロシアン・バレー」を始め、本書に収録した作品からも分かるように、夢見るような表情と官能的な姿態は多くの人々を魅了している。

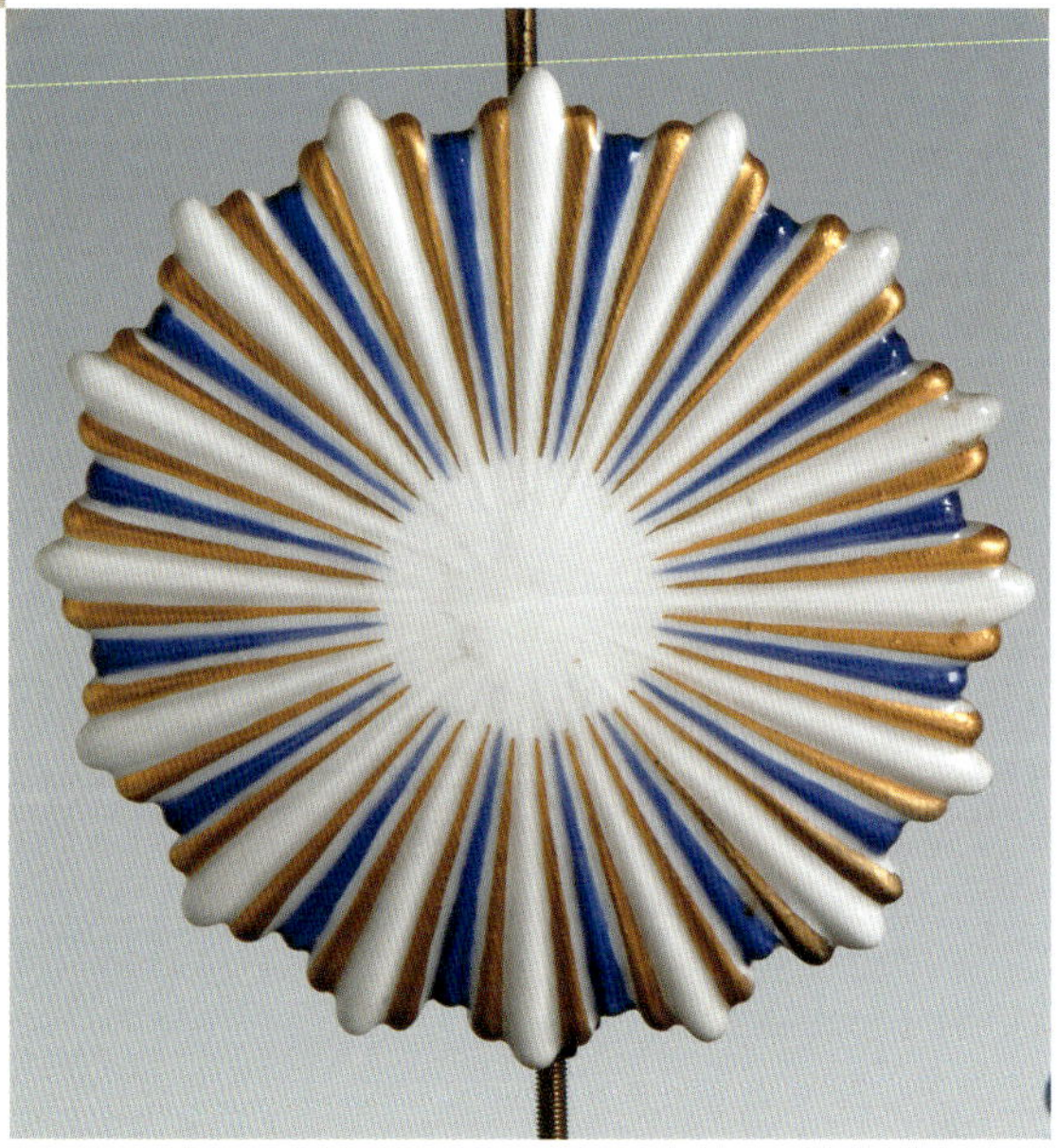

18＝時計を持つ子供たち
（原型＝ショイリッヒ／H37）

19＝時計と少女
（原型＝ショイリッヒ／H28）

20＝ムーア人と女（原型＝ショイリッヒ／H28／1910年代）

21＝ダンサー（原型＝ショイリッヒ／右 H27 左 H24／1910年代）

22＝スパニッシュ・ダンサー（原型＝ショイリッヒ／右 H20 左 H27／1930年代）

23＝鹿・白磁（原型＝ショイリッヒ・1937年／H75）

24＝豹・白磁
（原型＝オーネ・エリック／
H27／1920年代）

25＝フクロウ・白磁
（原型＝マックス・エッサー《炻器製》／
右H9　左H15／1930年代）

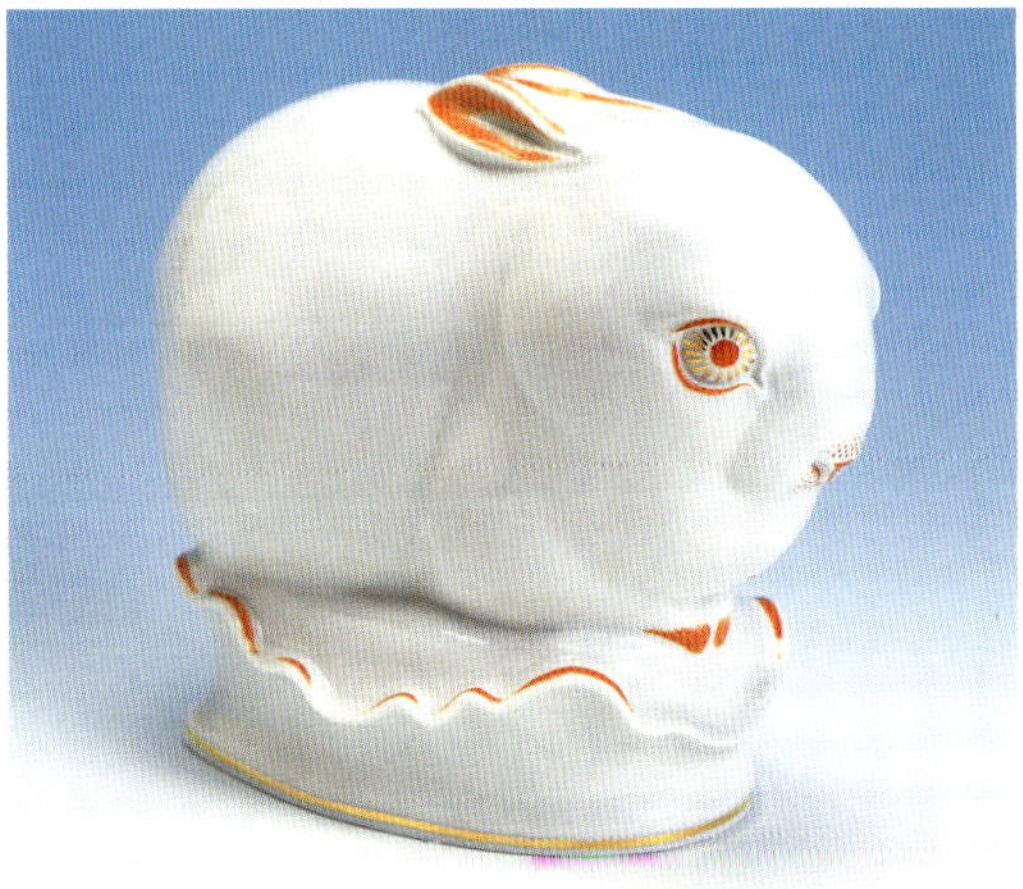

26＝兎（原型＝マックス・エッサー／H13）

エッサー……
マックス・エッサーは「カワウソ」で1937年のパリ万博でグランプリを受賞。幾何学的造形を取り入れたアール・デコ調のこの動物彫像は彼の持ち味を存分に発揮している。

27＝象のキャンドル立て（原型＝マックス・エッサー／H72）

「イタリア喜劇」とウッツ男爵……

この作品はアウグスト強王が非常に好んでいたことから、マイセンの初期の頃から重要なテーマであった。本書にはそのシリーズの16体を収録したが、「マイセン幻影」という邦題の映画の中では、生涯にわたってマイセンの人形を集め続けたウッツ男爵が、この人形たちを動かして遊ぶ場面も登場する。

28＝アルルカンシリーズ（原型＝ケンドラー）44頁から51頁まで

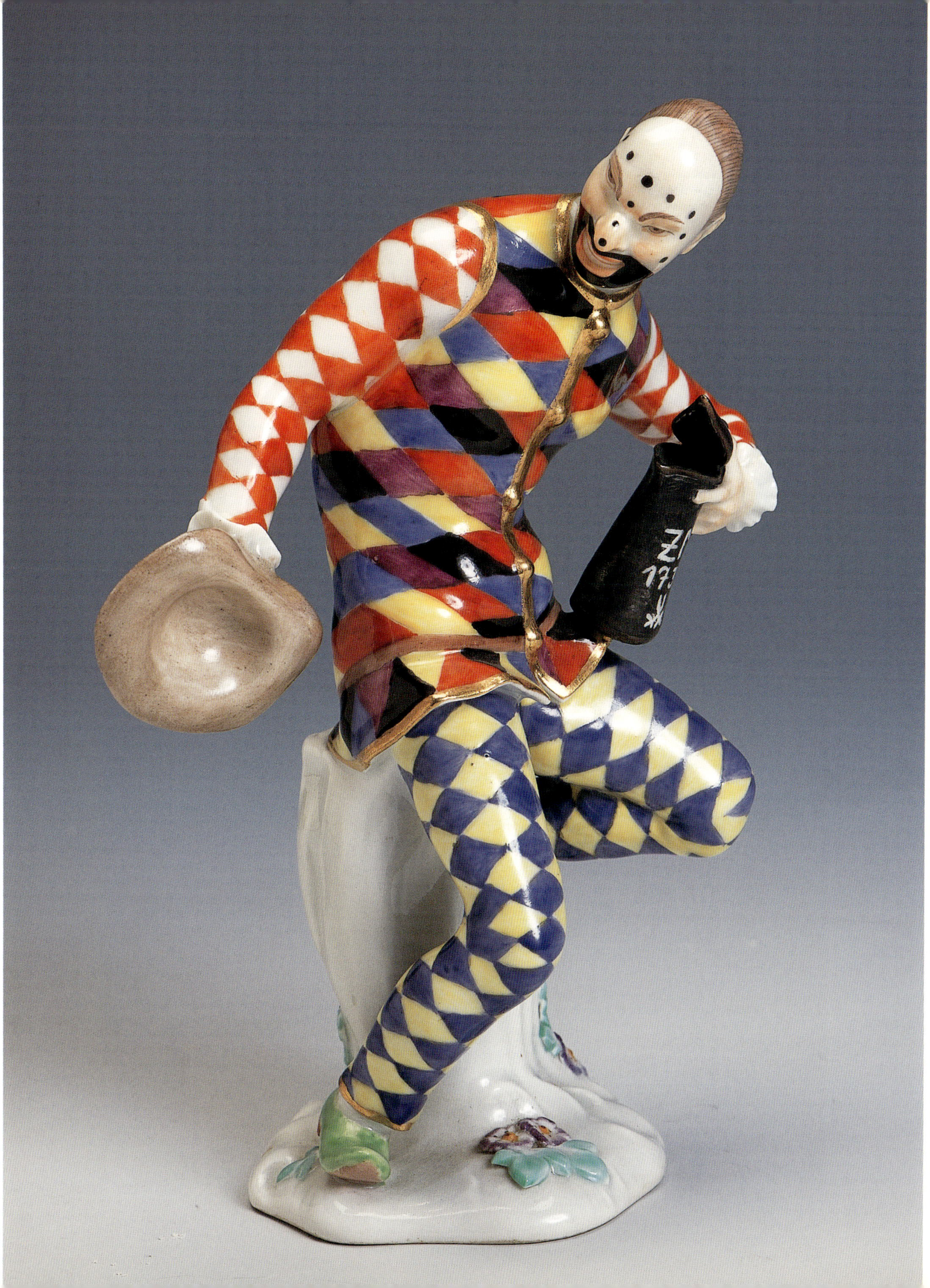

ヴェルナー……

1928年に生れたハインツ・ヴェルナーは、1960年に後述する「芸術創造のための集団」を結成した。現代マイセン芸術を語る上で筆頭に挙げられるべき人物である。本書に紹介した「アラビアンナイト」を始め、「真夏の夜の夢」「ブルーオーキッド」「菊」などは彼による創案であり、多くのファンを魅了している。

29＝真夏の夜の夢・陶板（ハインツ・ヴェルナー／46×60）

30＝アラビアンナイト・陶板（ハインツ・ヴェルナー／92×83）

アラビアンナイト・フルセット……

ヴェルナーによるケーキ皿のセットと大皿、およびコーヒーカップとソーサー。詳細なタッチで描かれた生き生きとした物語の人物たちは、まさに宝石といえる作品である。なお本書では、当館が所蔵するシリーズ12セットのコーヒーカップとソーサーの内、後半の6セットを収録した。

31＝アラビアンナイト・ケーキ皿フルセット（ハインツ・ヴェルナー／各径18）54頁から59頁まで
32＝アラビアンナイト・大皿（ハインツ・ヴェルナー／径30）

３３＝アラビアンナイト・ティーポット（ハインツ・ヴェルナー／H21×W25）
３４＝アラビアンナイト・カップとソーサー（ハインツ・ヴェルナー）

35＝アラビアンナイト・カップとソーサー
（シリーズ後半6セット／
ハインツ・ヴェルナー／各H9×W14）

36＝アラビアンナイト・シュガーポット（ハインツ・ヴェルナー／H7×W9）

37＝アラビアンナイト・クリーマー
（ハインツ・ヴェルナー／H9×W7）

現代のマイセン……

時代は激しく変わり続けるものの、マイセンの高い芸術性とその品格は確固として生き続けている。馥郁たる花の姿、大胆な造形性、白磁と調和した目を見張る彩色。伝統の精神を受け継ぎ、いつまでもわたしたちを感動させてほしい。

38＝植木鉢（右H13×W16　左H18×W20）

39＝センターピース（2003年・ローズエディション1/10／H40×W40）

40＝色絵皿
（径25）

41＝色絵皿（径25）

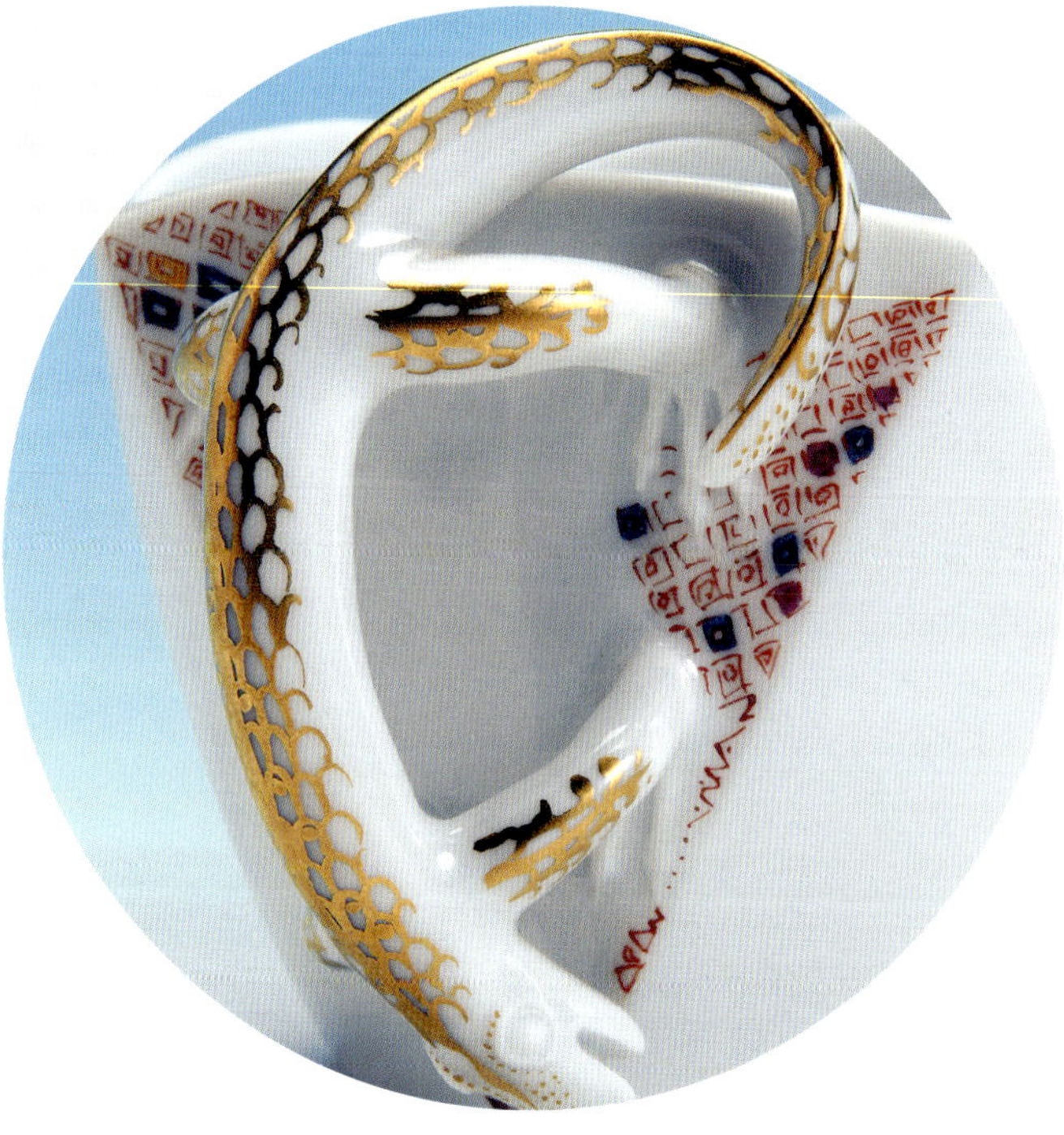

繊細な紋様……

女性ならではの感性で構成された美しい幾何学文様。作者のザビーネ・ワックスはマイセンの「波の戯れ」シリーズで知られるが、次代を担うアーティストとして期待されている。

42＝コヒーカップとソーサー
（ザビーネ・ワックス／H7×W13）

43＝デミタスコヒーセット
（ポット＝H20　ソーサー＝W16）

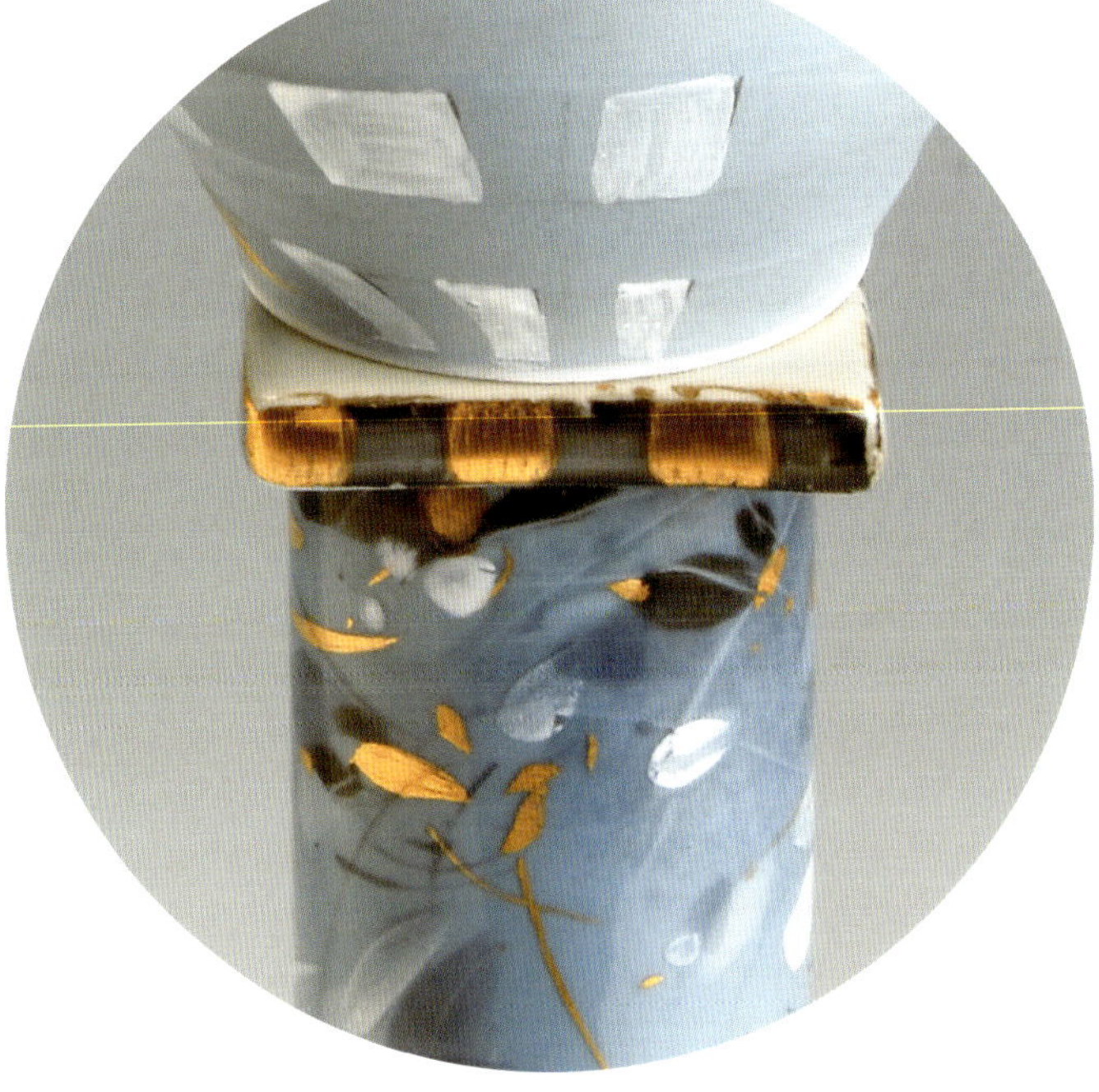

これからのマイセン……「芸術創造のための集団」の誕生を契機に、マイセンは300年の歴史の中で飛躍的に創造性の翼を広げた。そして大胆な発想と止むことのない美の探求によって、マイセンに新しい作風が次々と生まれている。

44＝オブジェ（ザビーネ・ワックス／H48×W14／No100）

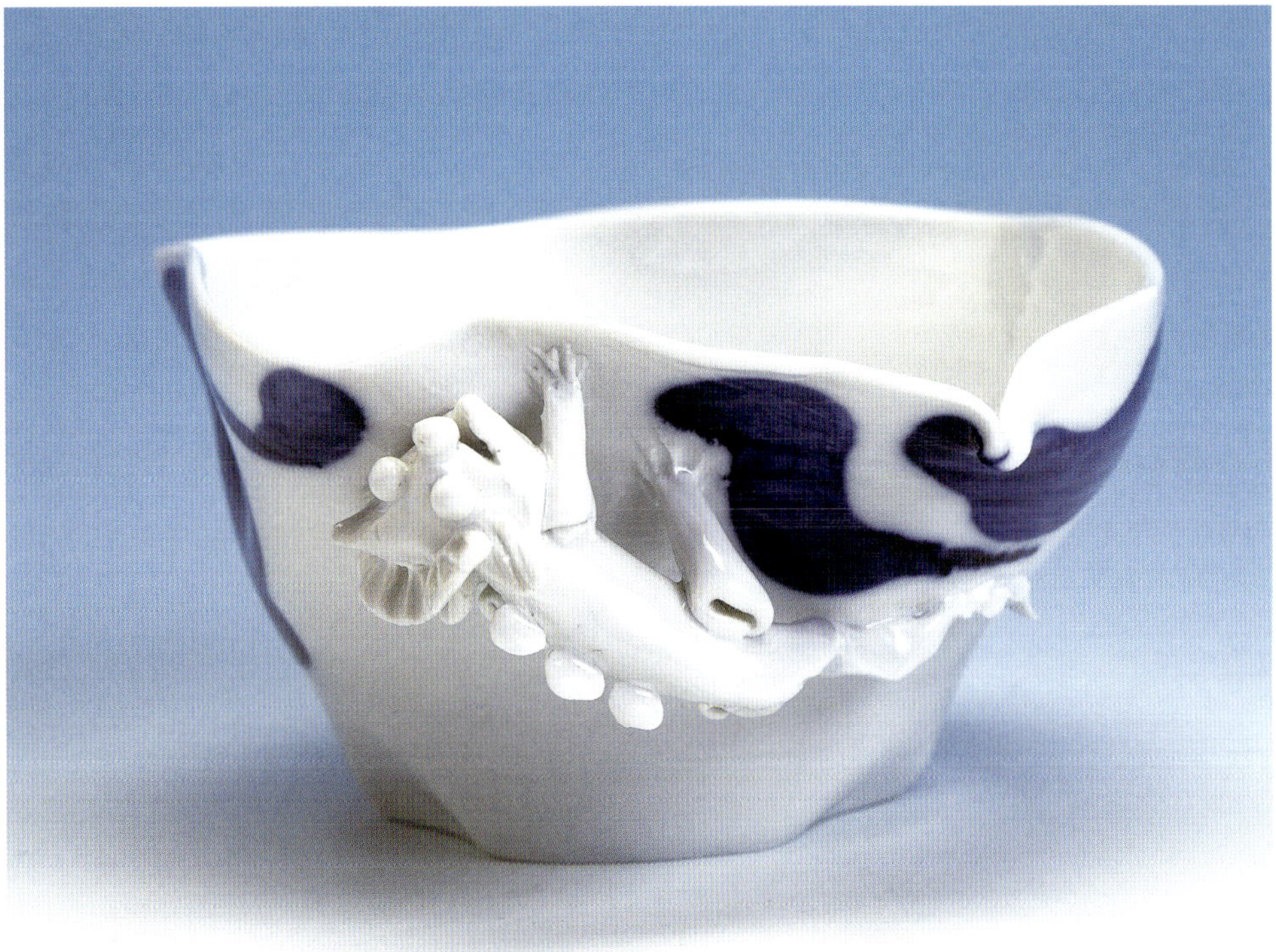

45＝犬のデザインの蓋物（H18×W16）
46＝染付の茶碗（H8×W18）

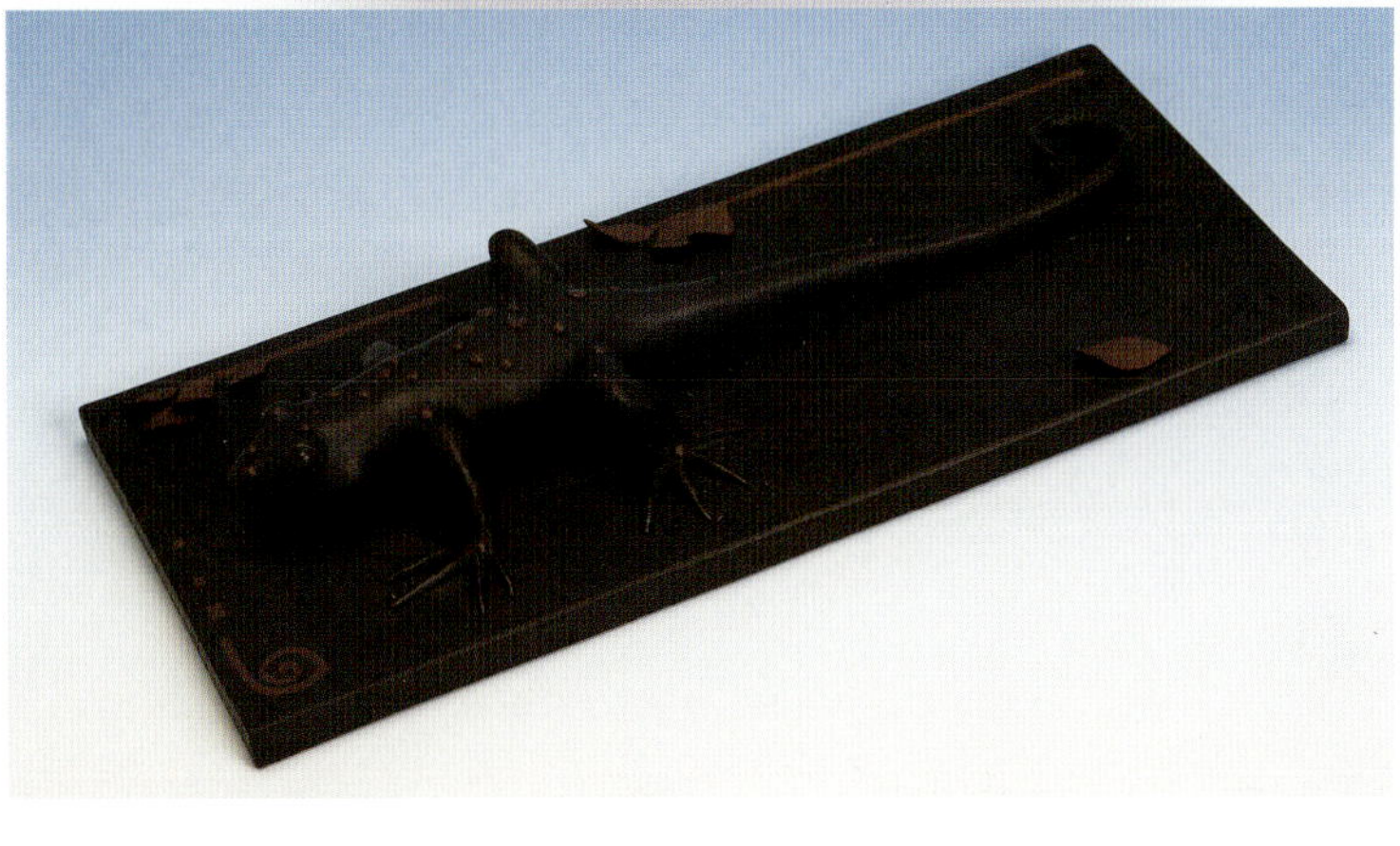

47＝魚とテーブルサンゴの置物
（アンジャ・グナック）
48＝ヤモリの置物
（シルビア・クレーデ／11×27）

49＝ティーポット・天使（ファイバー／H15×W16）
50＝ティーポット・顔（ファイバー／H17×W17）

51＝果物のデザイン蓋物（皿 径22 リンゴ H9）
52＝クリスマス（皿 16×43）

53＝オブジェ
（右 H8×W13　左 H16×W13）

54＝オブジェ（ペーター・シュトラング／H57×W40）

55＝キャンデーボックス（２００３年・世界限定品／右 H11×W13　左 H31×W14）

マイセンの物語

村田朱実子

講演記録より

1 マイセンの流れ

■磁器について

磁器の製造は中国に始まりますが、13世紀末から14世紀にかけて中国各地で作られるようになりました。

ヨーロッパに初めての中国磁器が登場するのが13世紀に入ってからです。これはイタリアのベネチアにいたマルコ・ポーロによって、中国元の都から持ち帰られたといわれています。そのときは文様のない青磁が大変珍重されていました。

15世紀に入ると「大航海時代」になり、東洋との貿易が盛んになります。当時は、「海のシルクロード」と呼ばれる航路で数多くの磁器を輸入するようになりました。また当時、王侯貴族はアムステルダムに陶器専門の買い付け代理人を置き、争って磁器を買い求めていました。そこで重要な働きをしたのが１６０２年に設立された「オランダ東インド会社」で、ヨーロッパの王侯貴族の間で磁器がブームになり、ここに磁器の文化が開花したのです。

中でも中国景徳鎮の染付は特に人気を集めました。この景徳鎮は漢の時代に窯が開かれて以来、陶磁器２０００年の都と呼ばれ、13世紀以降、白磁器、青磁器、染付や朱紅などさまざまな技法が用いられるようになりました。

その貴族や上流階級の館では、「磁器の間」を造ることが流行になります。これは「ポーセリン・キャビネット」と呼ばれ、磁器で部屋を飾るもので、王侯貴族の富の象徴となりました。

さて、一口に磁器といっても大きく分けて硬質磁器と軟質磁器の2種類があります。まず硬質磁器ですが、石質とカオリンと呼ばれる磁土を主原料とし、釉薬をかけ、高温の約１３００度から１５００度位で硬く焼いたものを指します。カオリンというのは、元々中国の陶磁器の名産地、景徳鎮の近くにあるカオリン山という山から採れる磁器用の白土です。日本では愛知県北部から岐阜県南部にわたる地域などがこれに当てはまるとされています。特徴としてはたたくとキーンという澄んだ音、色は真っ白で透明感があります。もちろんマイセンは硬質磁器です。日本では代表的なもので有田焼、九谷焼、清水焼などがあります。また、フランスの「リモージュ」も硬質磁器です。

マイセンの硬質磁器に対してフランスを中心とした軟質磁器は、ガラスに陶器の技法を組み合わせたもので、素地粘土にガラス質のフリットを調合し、これを胎土としたものです。

またイギリスでは「ボンチャイナ」といわれる異質の磁器も作られました。これは別名を骨灰磁器ともいわれています。

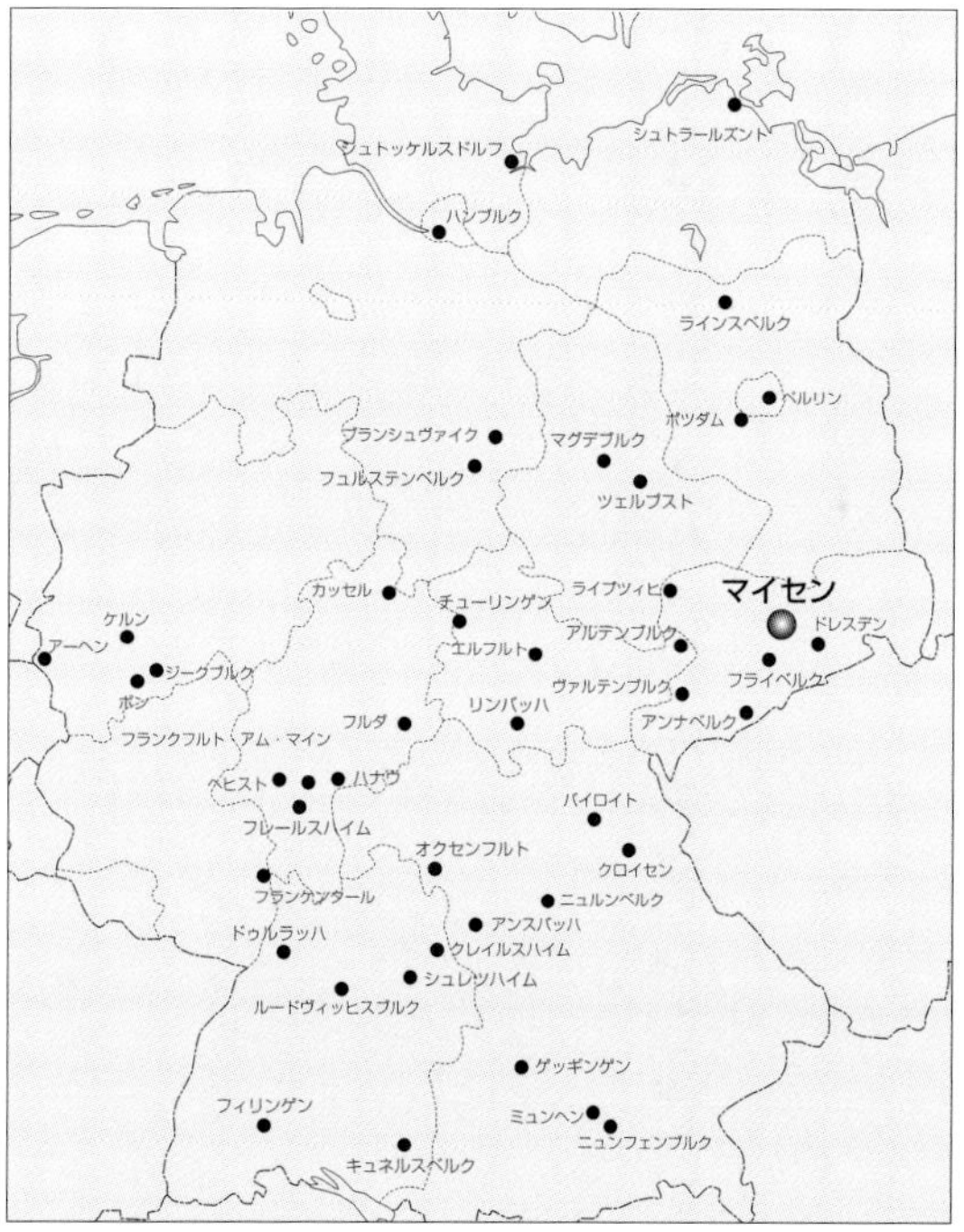

中世ドイツの地図

磁器の間（シャルロッテンブルグ城内）

中国景徳鎮の染付。ヨーロッパの王侯貴族の間で人気を集めた。

■マイセン窯の誕生

ではマイセン窯はどのようにして生まれたのでしょうか。ここでその誕生の歴史をひも解いてみます。

マイセンは高級な磁器のふる里、またはワインの街として有名ですが、実はとても小さな街です。ドレスデンから電車に乗ってたったの30分。駅を降りてエルベ川の橋を渡り、小高い丘に建つアルブレヒツブルグ城を目指して方向を定めればどんなに道に迷っても必ずたどり着く小さな街なのです。それほど小さなこの街に世界的に有名な磁器窯が誕生したのです。

その詳細については後述しますが、中国、日本の磁器のコレクターとして知られたザクセン王国のフリードリッヒ・アウグスト1世によって、ヨーロッパ初の硬質磁器として知られるマイセン窯がいよいよ始まります。

磁器に魅せられてアウグスト王は何とか自分の手で西洋初の磁器窯を作るべく、錬金技師ベットガーに命じてついにその夢を果たすことになります。

ベットガーは1701年、19才の時、アウグスト王から任務を与えられ、王の親しい友であり自然科学者であるチルンハウス伯爵のアドバイスによって1709年に欧州で初めての白地の磁器製造法に成功するのです。そしてマイセンのアルブレヒツブルグ城内に1710年、王立磁器工房がスタートしました。その後、工房は19世紀後半になって城外に移されました。アウグスト王は磁器の技法を他の国に知られることを防ぐために独占しようとしましたが、スパイの暗躍や職人の引き抜きなどがありたちまちその生産法はヨーロッパ中に広まってしまいました。

また17世紀半ばには、当時隆盛を誇っていた東インド会社は中国の政情が混乱したために貿易を断念し、今度は中国から学んだ日本の「古伊万里」に注目します。アウグスト王も熱狂的なコレクターだったので、マイセンは独自の西洋柄の他に「柿右衛門写し」や「シノワズリー」と呼ばれる東洋柄も数多く生み出しました。

またバロック、ロココ時代には装飾に凝ったお城が盛んに建築されました。そのため、室内装飾に大皿や壺、動物の彫刻、人形などが富の象徴として求められ、皿や壺に関して伊万里焼の質の向上や技術力へのアップと繋がったのです。流行はヨーロッパ各国に広がり、「ポーセリン・キャビネット」として宮殿やお城に次々と集められその多くは現在各国の美術館に展示してあります。

アルブレヒツブルグ城を望む。

柿右衛門写しの皿

シノワズリーの花瓶（箱根マイセン庭園美術館）

■マイセンの魅力について

マイセンの魅力について語ると際限がありません。白磁器としての透明性、磁器のきめ細やかさ、絵付けの素晴らしさ、色鮮やかさ、そしてトーキング・グッズとしての楽しさ、さらに人形や動物の表情の豊かさなど、「ヨーロッパの宝石」と謳われ、その美しさに満ち溢れています。

まず、白磁器の透明性やきめ細やかさは、マイセンの磁土、すなわちカオリンの含有率65％の世界一の磁器質から生まれます。この磁土の鉱脈にも限界があるため、生産量が大変不安視されていますが、これがマイセンの高価な理由の一つでもあります。

絵付けの素晴らしさはいうまでもありませんが、中でも花は美しく、その様式には大きく分けて2種類あります。一つはやわらかい写実的なドイツ風の絵付けで、例えば「ドイツの花」が挙げられ、もう一つは曲線的な「柿右衛門風の様式」です。また、色の鮮やかさや微妙な色の変化は手描きだからこそなし得た技なのです。

またトーキング・グッズとしての楽しさはマイセンならではの魅力です。テーブルの上に飾るセンターピースやフィギュリーンなどそのデザインは、稀少性や芸術性に加えて使いやすい形でもあります。接合部分も繊細な技術によって作られています。例えばティーポットの取っ手などには、枝や小さな葉っぱを意識したデザインが、細部にわたって施されています。これらの作品をテーブルに飾ることによって、ゲスト達の話題の糸口になり、楽しいトーキング・グッズしてのマイセンの魅力が広がるのです。中でも人形や動物は、まるで今にも動き出しそうな豊かな表情に満ち溢れています。

マイセン磁器の制作プロセスでは伝統の技法が現在も生きていて、磁土を掘り起こす段階から成型、絵付けにいたるすべての流れが今もなお手作業で行われています。そして、この３００年近い歴史の中に、バロックからアールデコの時代までのすべての芸術様式を網羅しているのです。

2 アウグスト強王とベットガーの時代

■アウグスト強王

ここで改めて、約３００年の伝統を誇る磁器窯マイセンの創始者アウグスト王の時代にスポットをあてて、マイセン初期の歴史をみていきましょう。

アウグスト王の時代、ヨーロッパ各地では日本や中国の磁器に魅せられた王侯貴族などの支配階級を中心に磁器の研究が盛んに行われていました。古くはオランダの「デルフト」、フランスの「ルーアン」や「シャンティーイ」、あるいはイタリアの「ジノリ」やイギリスの「チェルシー」などにおいても、東洋の磁器を模倣する試みがなされていましたが、いずれも純正な白地の磁器を完成するにはいたりませんでした。しかし皮肉なことに、ヨーロッパにおける初の磁器焼成の偉業は陶芸の伝統の全くないザクセン王国のドレスデンにおいて、流れ者の若き錬金技師ベットガーによって達成されたのでした。

フリードリッヒ・アウグスト1世は１６７０年ザクセン選帝侯ヨハン・ゲオルク3世の子としてドレスデンに生まれました。父の死後王位についた兄が在位わずか3年で死亡したために、フリードリッヒは24歳の若さで王位を継ぐことになりました。１６９７年にはポーランド王の死によりその王位をも継承したのです。彼は父や兄よりも政治力、行動力に優れ、その性質から「シュタルケ」（強権王）の異名を持つことになります。アウグストは「英雄色を好む」の通り、まさに無類の好色家で知られ、その子供の数はなんと３５４人にものぼると伝えられています。また、彼の性質は持久力と実行力を兼ね備えていましたが、この性質抜きにマイセン磁器の製法の発明はありえなかったと推察

ドイツの花の皿（箱根マイセン庭園美術館）

ケンドラーの原型となる「雄鶏」（箱根マイセン庭園美術館）

アウグスト王像

できます。

なおザクセン選定侯としてはフリードリッヒ・アウグスト1世、ポーランド王としてはアウグスト2世と呼ばれ、この二つの国の王として兼任していたのです。

さて、当時のヨーロッパの君王達の間で東洋の磁器は「白い金」と呼ばれるほど貴重なものでした。この君王達をとりこにした東洋の磁器を、アウグスト王もまた彼自身の富と権力の象徴として収集し始めるようになりました。猛烈な凝り性である王の東洋磁器収集の執念は、私たちの想像をはるかに超えるものでした。磁器の素晴らしさに魅せられ、熱狂的な収集家として知られるその一つの例として、次のような話が伝えられています。

ザクセンと国境を接するプロイセンの国王フリードリッヒ・ヴィルヘルムもまた熱心な磁器の収集家でしたが、妃のために建てたシャルロッテンブルグ宮は磁器の間としても特に有名でした。この城に多くの中国磁器を集め持っていましたが、元々戦闘王と呼ばれた王は、磁器よりも騎兵を集めることに情熱を燃やしていたのです。このことを知ったアウグスト王は外交を通して１７１７年ザクセンの騎兵６００人と１２７点の中国磁器を交換することに成功するのです。彼はその後ドレスデンのノイスタットにあったオランダ宮を購入してその名も「日本宮」と改めました。

このような名前を離宮につけたことから、いかに王が東洋文化を愛していたかがうかがえます。この日本宮は階下には中国や日本の磁器、階上はのちに作製されるマイセンの磁器で飾りました。王室や礼拝堂をも磁器で飾る予定だったのですが、１７３３年に志し半ばでこの世を去ります。

最終的にはこの時アウグスト王が所持していた磁器は何と３５，７９８点に及んだといわれています。

■ベットガー

前章で概要をお話しした通り、西洋初の硬質磁器を発明したのはヨハン・フリードリッヒ・ベットガーという、若く名もない流れ者の錬金術師でした。アウグスト王の命令で、わずか20歳にも満たないベットガーは磁器の研究を始め、数年でその偉業を達成させた

のです。しかし彼の苦悩と波乱に満ちた人生は、美しいマイセンの磁器からは想像もできない壮絶な物語した。

ヨハン・フリードリッヒ・ベットガーは、１６８２年、チューリンゲンに生まれました。彼は父親から小さい頃より化学を学んでいました。１６９８年、16歳の時にベルリンの薬剤師ツォルンの弟子となりましたが、この頃より薬学と錬金の研究を始めます。そして化学的研究に熱中していたベットガーのことがプロイセンのフリードリッヒ王の耳に入り、ベットガーは王の命令で金属を金に変えるための実験を試みることになりました。いわゆる錬金術です。しかしそれは容易には成功せず、王の催促に耐えきれず密かにドレスデンへ逃れて来たのです。そのときアウグスト王はこの貴重な逃亡者を保護し、ベドガーは王の側近のチルンハウス伯爵という当時ヨーロッパで有名な化学者に紹介されるのです。

この頃、ちょうど１７００年にシュネーベルグ近郊の聖アンドレアス鉱山でカオリンが産出されている記録が残っております。さて、チルンハウス伯爵は貴族の出身で１６７５年頃から磁器の焼成のための実験を重ねていました。彼の磁器研究の情熱は、単に科学的な興味だけからではなく、高価な東洋の磁器を輸入する代わりに国内で生産するべきだという、経済的な考えから生じたものです。彼はたった一人で何年間も磁器の研究に没頭していたのです。

■硬質磁器の成功

さて、アウグスト王はベットガーに莫大な資金を与えて、チルンハウス伯爵の助けを借りながら磁器を作らせておりましたが、一向に成功せず、ついに食わせ物としてアルブレヒツブルグ城に彼を投獄してしまいました。しかしチルンハウスの懇願によって解放されることになります。その後、彼はドレスデンから40キロ位離れたケーニッヒシュタイン城塞に軟禁され、城内の工房でチルンハウスの指導のもと磁器の研究に従事します。

ベットガーは解放を求め、何度となく逃亡を試みましたが、その度に工房に送り返されたのです。１７０５年には、いよいよケーニッヒシュタイン城で実験が開始されます。

日本宮にて。独特の彫像が目を引く。

ケーニッヒシュタイン城。ここでマイセン磁器の実験が開始された。

ベットガー炻器

そして１７０６年、彼らは加工しにくい土にドレスデン近郊の溶けやすい土を混ぜることによって、磁器に近い硬質の炻器の試作に成功します。これがいわゆる「ベットガーの炻器」と呼ばれる物で赤い色をした炻器です。

この後、二人は意欲的に実験を続けましたが、成功を目前にチルンハウスはこの世を去ります。そしてついに１７０９年、ドレスデンから90キロ離れたエルツ山脈のアウエから産出したカオリンを主成分とした白磁土を採用し、これによってヨーロッパ初の硬質の白磁器の焼成に成功します。やっとの思いでベットガーは成功させたのです。

１７１０年、アルブレヒツブルグ城内に磁器工場が設立されます。ベルリンからろくろ師のエッグフレヒト、宮廷金工家イルミンガーなどを迎え、本格的に磁器生産を開始させます。しかし当初の作品はひび割れなど失敗も多く、実際にきちんとした形成の白磁の製作は１７１３年以後と考えられています。アウグスト王は当初趣味の範囲で磁器収集していましたが、磁器の制作は国家に莫大な利益をもたらすと予言し、技法を守るため工場内では人との会話すら禁じられるなど、ベットガーを厳しい監督下に置いたのです。ベットガーは不自由な生活に苦悩し、酒びたりとなり、身を持ち崩し１７１９年に大やけどがもとでたった37歳の波乱に富んだ短い生涯を閉じたのです。この時工場に残っている職人はわずか24人程だったと伝えられています。

3 ケンドラーとヘロルト

■彫刻家ケンドラー

マイセンの磁器初期から発展期にかけて欠かすことのできない人物の一人、彫刻家ケンドラーは、アウグスト王によってその才能を見出されました。マイセンではベットガー収集の中国の観音像や布袋象を模倣した磁器彫像が製作されていましたが、1720年この工房に宮廷彫刻家キルヒーナを迎えたことによって、マイセンの磁器彫像は大きく変貌を遂げます。アウグスト王の「日本宮」を飾るために製作された巨大な磁器彫像は、長い陶磁器の伝統ある中国においてもその技術の難しさから長年回避されてきましたが、彼は大胆にもこれに取り組み、見事にやってのけたのです。1733年、キルヒナーはマイセンを去りますが、王はこれより2年前にその後継者として当時ドレスデンで仕事をしていたヨハン・ヨアヒム・ケンドラーをマイセンの彫刻家に指名しました。

　ケンドラーは1706年、ドレスデンに近いフィシュ・バッハの地に牧師の息子として誕生しました。その後、1723年にザクセンの宮廷彫刻家トーマエの弟子となり、ここで彫刻家としての修業を積むことになります。そしてザクセン王国の国宝である「緑天井」のための彫刻制作にも6年間携わりました。1730年には彫刻家として独立してツヴィンガー宮殿の仕事をしておりました。そして、王の命令を受け宮廷彫刻家の称号を授かり、1731年からは、マイセン磁器制作所でモデルマイスターとして活躍するようになります。

■ケンドラーの造形

　ケンドラーは宮廷彫刻家キルヒナーの助手として、アウグスト王の注文で大型の約60種類の動物や鳥の大彫刻を制作しました。そしてアウグスト王の死後、彼は王の等身大の騎馬像をアウグスト王の息子アウグスト3世に提案をしましたが、これを受け入れられませんでした。そこで、ケンドラーは大彫刻像の制作を捨てて、新しい創造とされる小さな彫像を次々と制作し始めました。1739年には磁器の小彫像の他に18世紀最大のディナーセット「スワン・セルヴェス」、いわゆる「白鳥の食器セット」を制作します。これはアウグスト王の宰相であり磁器愛好家でもあったブリュール伯の注文によるものです。

　ケンドラーの小動物は1736年以降に多数制作されています。

　初期の作例には子犬がありますが、これはマイセン窯の重要なパトロンであったブリコール伯夫人の好みといわれています。この他にリス・猿・小鳥など数多くの小動物を制作しています。また1736年にはイタリアの喜劇役者を初めとする人物、小像を制作します。例えば接吻する恋人達、踊る男女、広いスカートを広げた婦人、女、道化師など、それらは現実の生活からではなくオペラや恋愛喜劇からヒントを得た題材が多く、ユーモアや悲しみが彼独自の皮肉を交えて間接的に表現されているのです。そして1747年には「猿のオーケストラ」を制作します。この作品はオペラ嫌いなケンドラーがこの年に初めて制作したもので、オペラ好きな新しい王や有閑階級を風刺したつもりが皮肉にも大ブレークしてマイセンはもとより多くの窯で制作されるようになります。猿達のコミカルな表情や全身で楽器を演奏するかの様な動きが絶妙に表現され、小ぶりながら大変迫力のある名作といってよいでしょう。

　その後ケンドラーは次々と多くの原型を残しますが、1775年、69歳でその生涯を終えます。ケンドラーは1731年以降、この世を去るまでマイセンにとどまり多くの傑作を残しました。彼はその長い作家生活の中であらゆる題材を網羅し、数千点に及ぶ作品を残しました。

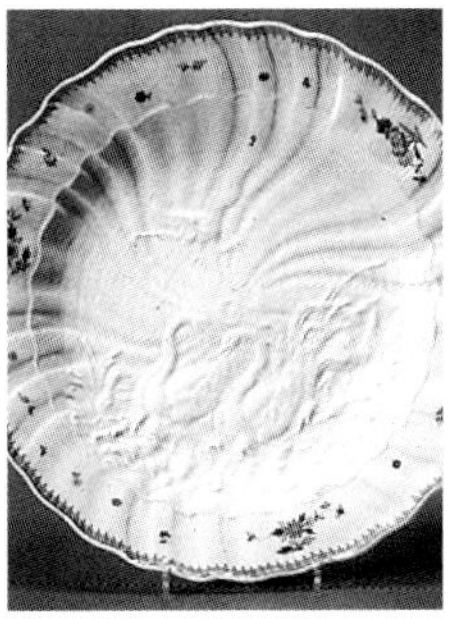

スワン・セルヴィス（ケンドラー・原型）

パゴダ人形（ケンドラー・原型）

猿のオーケストラ（箱根マイセン庭園美術館）

■磁器彫像について

　バロック期に代わりロココ時代には小さな彫像が宮廷で大流行しましたが、これは食卓の装飾品で「フィギィア」、「フギューリン」などと呼ばれているものです。

　さて18世紀におけるマイセン磁器の彫像は、石膏の型を使用する型押しで成形するという技法です。石膏型を作るために必要な彫刻のことを「原型（モデル）」といい、これはいわゆる彫刻家の仕事で、完成作品のフォルムをいいます。さまざまな仕事の中で最も芸術的な仕事といってよいでしょう。そして原型制作者のことを「モデーラ」といい、18世紀に活躍したモデーラはケンドラーを初め、エーベルライン、ライニッケ、メイエールなどで、その数は原型の豊富な種類からは想像できない少人数でした。特にエーベルラインはケンドラーの有能な助手で多くの作品を残しています。代表作は前述したケンドラーとの合作である「白鳥の食器セット」です。

磁器彫像は「シャウエッセン」と呼ばれる鑑賞するために展示される料理の装飾として用いられました。これはディナーを催す主催者の富や権力やセンスの良さを象徴する飾りとして中世に始まったもので、17世紀末、特にフランスではデザートの際の飾りが独立し、菓子や果物を載せた食器と共に彫像も飾られるようになりました。こうしたテーブルの装飾品は金・銀細工、ガラスなどでも製作されましたが、陶磁器ではマイセンが初めて表現したといわれています。

また彫像のテーマとしては、人物、動物などの他に、神話や演劇、宮廷の風俗などに基づいて制作されています。当時の貴族文化に根ざす華やかなテーマが好んで選ばれたようです。その代表的なものとしては、まず「クリノリンスカートシリーズ」といわれる、広いスカートの婦人像が挙げられます。これは18世紀のヨーロッパ貴族の間で流行した「パニエ」と呼ばれる張りぼてのスカートを指し、貴族の女性のステータスを表す衣装です。1740年から約5年間に20点程制作され、多様な磁器彫像の中で最も装飾性が高い作品といわれています。

また狩猟をテーマにしたものがあります。アウグスト3世が狩りをこよなく愛したために、ケンドラーは狩りをテーマとして作品を数多く残しました。代表作はケンドラーが国王閣下のために制作した「色絵狩猟男女像」で、狩りを楽しむ宮廷人を表しております。そのほか羊飼いも大変有名なテーマの一つですが、1740年代には、羊飼いを題材にした詩や演劇がドイツで大いに流行したのです。これも甘美な感受性を基調とする、ロココ時代の好みを反映するテーマの一つであるといわれています。この様に数々のテーマを作り出したケンドラーは、アウグスト王に見出され、マイセン磁器のために、ヘロルトと共にその創造的な生涯を捧げ、旺盛かつ想像を卓越した手法を生み出しました。その仕事に対する理念は今日も変わることなく、マイセン磁器の中に具現化され息づいているのです。

クリノリンスカートシリーズ（ケンドラー原型）

コーヒーセット（ヘロルト）

花瓶（ヘロルト）

■絵付師ヘロルト

さてケンドラーと同様にマイセンにおいて欠かすことのできない人物が絵付師のヘロルトです。錬金技師ベットガーの死後、彫刻家ケンドラーと絵付師ヘロルトによってマイセン窯は支えられ、多くの貴重な芸術作品が生み出されました。

ヘロルトは1696年、洋服仕立師の息子として生まれました。幼い頃から絵の才能に恵まれ、画家としての修行を重ね24歳の時にマイセンへやって来ました。彼がマイセンに来たとき、すでに磁器装飾にかなりの経験を積んでおり4年後（1724年）宮廷画家となり、その8年後にはマイセン磁器工房の美術総監に抜擢されたのです。彼の絵付けはいわゆる「シノワズリー」、すなわち中国風の絵付けですが、経営者としても有能で、工房は彼によって初めての利益をあげたのです。最初わずか20数名の工員が20年後には200人を越える大工房となったのです。これも彼の功績であるといってもよいでしょう。1720年代から1730年代に活躍し、ケンドラーとともに磁器の造形芸術の分野で一世を風靡しました。

当時のヘロルドのシノワズリーは大変有名で、理想のユートピア（中国）の生活を具象化していて、欠かすことのできない代表的なアイテムとなり、マイセンの特徴的な作品を次々と世に送り出しました。また図案も多く描かれ、いかにも東洋趣味のアウグスト王の好みであると同時に、多くの王朝貴族を魅了しマイセンに注文が殺到したことはいうまでもありません。そのシノワズリーの装飾は、多彩な色合いを用いた細密画のような繊細な描写が特徴ですが、マイセンに注文されたものの中には、大皿や蓋付きのスープ碗、壺、砂糖壺などの食卓用容器やヨーロッパの貴族の間で新たに流行したコーヒー、紅茶やチョコレート等のためのポットやカップまであります。

■シノワズリーについて

シノワズリーとは、フランス語で中国風とか中国趣味という意味で、18世紀ヨーロッパにおいては全ての装飾体系に欠くことができない要素でした。「中国的モチーフ」「シノワズリ」または「シノア」といわれ、いかにも東洋的な柄が描かれた美術品や装飾品が大流行しました。

17世紀から18世紀にかけて、中国は世界貿易の時代で、経済的にも文化的にも中国こそが世界の中心的な大国であるという考え、いわゆる「中華思想」が生まれました。そして当時のヨーロッパ人にとっては、中国と日本を含めたそれ以外の「東アジア風」との明確な区別はつかず、シノワズリー、つまり「西欧的中国趣味」という言葉でひとくくりに表現されるようになりました。

前述した通り、マイセンを初めとするヨーロッパ製の磁器の発明に東洋磁器が与えた影響は計り知れないものがあります。これによって中国の数多くの品々がヨーロッパに渡ったのです。

それらには家具を始めとする調度品やアクセサリーもありますが、特に茶器などの磁器はヨーロッパにおいてチャイナと呼ばれ尊ばれました。ちなみに、最初に中国から運ばれて来た茶器は小さく（薬を飲むためのもので）、皿も取っ手も付いていませんでした。恐らく取っ手が付いたのは18世紀後半のことでしょう。また、最初にオランダに入った頃のお茶は大変貴重品でした。

このように中国製の磁器がヨーロッパに輸入され、これらのものが東洋文化の強い憧れに繋がって行ったのです。

またマイセンへの日本の影響についても重要で、当時の「柿右衛門様式」は高価な磁器の中でも群を抜き、マイセン初期の頃に日本ブームを巻き起こし、アウグスト王によって収集された日本の磁器は、マイセン窯においてことごとく忠実にコピーされました。

その詳細については、次の「伊万里の磁器」の項で解説していきます。

4 伊万里の磁器のマイセンにおける絵付け

■海外での人気

17世紀初期からオランダ東インド会社は、中国から数多くの磁器を輸入していました。特に景徳鎮の染付は人気がありましたが、中国の政情が混乱したため、東インド会社は中国との貿易を断念しなくてはなりませんでした。景徳鎮の染付はブルー・アンド・ホワイトと呼ばれ大変人気があったのです。中国の政情の混乱とは、明の時代末期から清の時代の初期の動乱であり、これによって磁器の輸出が全面的に中止にされたのです。この頃、景徳鎮の代用品として注目されたのが日本の古伊万里です。

シノワズリーの人物像

柿右衛門様式の八角皿

インドの花
（箱根マイセン庭園美術館）

その当時、海の支配権を握っていたのはイギリスとオランダでした。オランダは１６０９年より平戸を拠点に本格的な貿易活動を開始します。その後イギリスも平戸に商館を設置しましたが１６２３年に商館を閉鎖し、スペイン船は１６２４年に寄港を禁じられます。１６３９年にはポルトガル船も来航を禁止され撤退したのです。結局はオランダ東インド会社だけがヨーロッパの使者として許可され、日本に留まることになったのです。

さらに１６４１年にはオランダ商館は出島に移され、この地を拠点に貿易活動を展開しました。やがてオランダは17世紀中頃、自国に向けて有田磁器の輸出を開始し18世紀中頃までヨーロッパへの有田磁器の輸出に貢献したのです。

ヨーロッパの貴族達を満足させるため景徳鎮の染付に匹敵する色が求められ、それらに答えるべく古伊万里の技術や品質も向上したのです。

また、技術面以外にもヨーロッパの貴族達のライフスタイルに合った作品づくりや、流行や顧客の好みなどへの対応も求められて、日本の磁器でありながらヨーロッパの調度品に合う独自の古伊万里がその時代に存在していたのです。

例えばヨーロッパからの注文で有田で焼かれた皿は、オランダの紋様が中央に描かれていたり、その時々で古伊万里はさまざまな顔を持っているのです。

■伊万里焼の特徴

では伊万里とはどういったものなのか、時代背景と共にその作品の数々について特徴や作風を見ていきましょう。伊万里焼、伊万里、これは江戸時代、有田を中心とした地域で生産された磁器のことで、有田近くの伊万里港から積み出され国内外に流通したことにちなんでいます。

次に江戸時代に作られた伊万里焼は現代では「古伊万里」と呼ばれております。マイセンのアンティークを古マイセンなどといいますが、古いものはこのような呼び方をします。そして明治時代以降、焼き物を生産名で呼ぶことが一般的となり、有田で焼かれた磁器を有田焼、伊万里で焼かれた磁器を伊万里焼と呼び分けるようになったのです。

また「古伊万里様式」という言葉がありますが、現在では特に赤絵に金を施したものをさします。また1610年から1650年にかけて作られたものを「初期伊万里」と呼びますが、これは器が厚く釉薬がとろりとして絵付けが荒いのが特徴です。また1660年代は「初期色絵」と呼ばれ、1670年～1690年には「柿右衛門様式」が生まれました。これは輪郭を赤や黒で描き、赤、緑、黄で着色された文様が特徴で、乳白色の素地に余白も生かした絵画的な作品です。典型的な作例は柿右衛門窯、または他の窯でも類似の物があり、これも総称して「柿右衛門様式」と呼んでいます。

これらの伊万里焼きがヨーロッパの貴族達を魅了しドイツのマイセン窯やフランスのシャンティーイ窯などでしっかりとコピーされるようになっていくのです。

さて古伊万里には独自の文様が何通りかありますが、それらについて少し触れてみましょう。古伊万里の文様は大きく分けて5項目に分離することができます。

まず、1番目に「吉祥文様」があります。これは中国古代からいい伝えられたいわゆるめでたい柄で、長い歳月をかけて日本に根づきました。例えば鶴亀、鳳凰、龍、松竹梅、牡丹、宝づくしなどがあり、これは吉祥や魔よけなどに使用されたといわれています。

2番目は「有職文様」と呼ばれるものです。これは平安時代以来、公家社会の調度品、服装、輿車などの装飾に用いられたといわれています。中国唐代の朝廷の文様に影響され、これを単純化、簡素化したものだと思われます。例えば小葵唐草、七宝などがあり、身近で親しみやすいものが多く、現在の日本文様の基本となったと考えられています。

柿右衛門様式の鉢

柿右衛門様式（赤い龍）のディナー・セット
（箱根マイセン庭園美術館）

次に3番目は「御所文様」です。宮廷風の花や庭園の図柄を御所文様といいますが、その図柄を簡略化したもので「御所解」ともいいます。四季折々の草花や池、御所車、松扇、垣根などがあり、京への憧れを表したといわれています。これらの文様は江戸中期以降に多く残っています。

4番目に「正倉院文様」があります。東大寺の正倉院の調度品に由来しているもので、獅噛み、葡萄唐草、狩猟、鳥獣などがあります。異国的な雰囲気で、例えば礼装に良く用いられているといわれています。

5番目は「具象文様」です。自然や生活用具の実物に近い形、例えば雲や霞などの自然現象、景色、山、花、道具、調度品などがあげられます。

これらが古伊万里の代表的な5種類の文様となります。

■マイセンにおける絵付け

ヨーロッパの窯においても中国や古伊万里の写しが行われるようになりました。時代的な変遷をたどると、ヨーロッパで磁器収集熱が高まり、自由に磁器を制作したいという欲求が湧いて来ます。そしてアウグスト強王の野望からベドガーの実験が生まれたように、各国で磁器焼成の研究が盛んに行われるようになります。特にフランスのシャンティーイ窯は有名で日本の「柿右衛門様式」や中国文様様式をそっくりそのままコピーすることが主目的であったといわれています。

さて時代は飛んで、現在のマイセンにおける有田様式の絵付けについて考えてみましょう。現在のマイセンにおいても、今もなお有田様式の絵付けが行われています。この文様の種類を分類すると、動物文様、魚・昆虫文様、植物文様、自然文様、組み合わせによる文様の大きく5種類に分けられます。

具体的な文様の意味、由来などは次の通りです。

まず、「黄金の虎に竹」「柴垣に松竹梅」が挙げられます。虎は中国では竹林に住む聖獣とされ、ポピュラーな図柄です。また「牡丹」がありますがこれは「百花の王」と呼ばれ、富や幸せの特徴とされています。

また動物文様として「鳳凰」

や「龍」が挙げられます。中国では鳳凰は皇后、龍が皇帝の象徴とされていましたが、五つの爪を持つものが皇帝のシンボルとされています。そのほか、「鶉に粟」の柄もあります。これは組み合わせ文様で吉報を知らせる図柄として好まれ、主に室町時代以降に登場しています。

次に「おみなえし」「桔梗」「菊」などがあり、この東洋の草花をヨーロッパ風にアレンジしたものです。特に桔梗は音読みすると「ケッコー」と発音したことから吉祥文様とされ、また花びらが5角形の形をしていることから厄よけの意味でもあり、数多くの絵が描かれているのです。これらすべての原点は有田の色絵、磁器にあるといえましょう。

さて1979年に有田市とマイセン市は姉妹都市の契約を結んでいます。2004年の秋には姉妹都市25周年を記念して有田市から80人の市民が現地に滞在し、ワイン祭りにも参加して交流活動はこれまで以上に盛り上がりを見せました。また、アルブレヒツブルグ城内で有田とマイセンの現代磁器展を開催し、有田の窯元作品など74点の展示やテーブル・コーディネートを公開しました。焼き物が結んだ縁は市民レベルの交流に発展し、姉妹都市の交流が年々より深いものになっています。東洋への憧れが生んだ西洋初の磁器窯マイセンと有田焼の素晴らしさを、2国間およびヨーロッパと日本という関係で考えると、歴史のロマンと国際交流の素晴らしさを感じずにはいられません。

5 マイセン・ロココ様式

■ロココ・スタイルとは

さて17世紀のバロックに別れを告げ、マイセンの作品において数々の秀作を生み出し、優美で軽快かつ繊細な様式で各分野に影響を及ぼしたのが18世紀のロココ時代です。

まず「ロココ」とは、一般的には18世紀フランスを中心としたヨーロッパの繊細で優美な装飾美術、および生活様式をさします。基本的な理念は「贅沢」「優雅」「快楽」で、厳密にはフランス王ルイ15世が君臨した1720年から、彼の寵姫、ポンパドゥール夫人が逝去する1760年時代の終わりまでとされています。このポンパドゥール夫人というのは、平民出身でありながらその美貌と知性で国王ルイ15世の寵姫の座についた女性です。

シノワズリーの皿
(箱根マイセン庭園美術館)

ポンパドール夫人像

特に有名なのは彼女がフランス初の上質な磁器窯となる「セーブル窯」の生みの親であるということです。優雅な磁器が大好きな夫人は国王を説得して王立陶磁器製造所を作り、自ら芸術家達に自分のアイデアを伝えて監督したり、時には注文をつけたりしました。この夫人の芸術的センスの良さと尽力によって、フランスの「セーブル磁器」は世界に誇るブランドになったのです。

さてロココという語源は前代のバロックと対照的に語られます。17世紀の美術や芸術を指す言葉としてバロックがあり、これは歪んだ真珠「バロック」から来ているといわれています。これらはまた「規範からの逸脱」を表す形容詞として18世紀末の古典主義の芸術理論家によって否定的な意味で使われました。特にこのバロックは建築様式に適用され、現代ではほぼ17世紀全体を示す時代の概念としても使われています。これに対してロココとは「ロカイユ」と呼ばれる貝殻や小石を使った装飾を意味する言葉から生まれたといわれています。これはバロック同様造語です。

1730年代に、当時流行していた複雑な曲線からなる装飾デザインがロカイユと呼ばれ始めたのです。「バロック」同様この言葉は後の時代に「倹約」「質素」「勤勉」を理念とする新古典主義の画家によって、その時代を軽蔑する意味で呼ばれました。現代ではそうした意味が薄れ、その時代の芸術全般の様式を表しているのです。

■ロココ様式の波及

このロココは当時のさまざま芸術分野に波及しました。

まず音楽に関しては、ロココ様式は「ギャラント様式」とも呼ばれ、優雅で軽快な表現で、フランスではラモーやクープラン、イタリアのスカルラッティ、オーストリアのモーツァルト達に見られる、装飾音譜を多用した音楽様式です。前の3人はチェンバロのための曲を数多く作曲し、モーツアルトはピアノソナタやフルートとハープの協奏曲も多く生み出しました。

服飾についてはポンパドゥール夫人のドレスが有名です。宮廷用のドレスとして「ローブ・ア・ラ・フランセーズ」というものがあり、左右からぶら下がるような前開きの作りで、襟くりは四角い感じでスカート部分はジュップといい横広がりのシルエットです。袖の上半身は体にピッタリ沿っていて、三角形に大きく開いた裾の部分は共布のペチコートが見えます。胸にはリボン結びの一列の装飾があり、袖口にはレースが施されています。ドレスの下にはパニエとコルセットが着飾されていました。パニエとは鳥かごの意味で、このドレスは宮廷では必ず着用が義務付けされていたのです。

また絵画では優美で繊細なタッチが多く見られ、大きく分けて2種類の作風があります。一つは貴族趣味的な享楽と官能に満ちている作品で、もう一つは庶民の日常を静かに描いた作品です。その代表的な画家としてはジャン・アントワーヌ・ワトーがいますが、彼は雅宴画というジャンルも確立させました。彼の作品にはどことなく気だるい哀愁が漂っていますが、それは彼自身の病に対する不安が反映されていると考えられます。彼は結核で37歳の若さでこの世を去っています。また、ジャン・マルク・ナティエは女性を女神に見立てて描いた宮廷の肖像画家です。他に有名な画家としてジャン・バディスト・シメオン・シャルダンがいますが、この人の作品は庶民の日常や静物画が主で彼の作品を通して18世紀パリの市民階級の生活を知ることができます。

さらに絵画のジャンルでは、フランソワ・ブーシェの作品があります。マイセンの絵付けのモチーフになった作品が多く、貴族の田舎への憧れが表現され、まるで架空の楽園にように描かれています。作品は牧歌的な田園風景、または日常を描いたもの、神話を題材にしたもの、そして個人の肖像画などがあります。その他、モーリス・カンタン・ド・ラ・トゥールはパステルによる肖像画家であり、また

マルコリーニ期の果実文（コーヒーセット・箱根マイセン庭園美術館）

ジャン・オノレ・フラゴナールは明るい色彩の風俗画を軽快なタッチで描き、どの作品も人物が美しくドラマチックに表現されています。この中でも特にワトーとブーシェはマイセンを初めとする磁器の絵付けに大きな影響を与えた画家達です。彼らがいなければマイセン・ロココは存在しなかったようです。

ロココの家具については、家具の足が女性的で優美なデザインで「猫足」や「鹿の後足」と呼ばれ、ルイ15世様式の家具はすべてこのスタイルです。この曲線美に対して、ルイ16世様式になるとスッキリと直線的になります。

また特徴的なのが貴族の「髪型」で、男性はかつらを着用し、女性はポンパドゥール夫人の時代にはコンパクトにまとめられ、マリーアントワネットの時代には前髪を高くし飾りをつけて巨大化し大きく結い上げた髪の上に奇抜な物が飾られました。そしてこの時代の化粧は、男女共に白いおしろいの上に頬紅をつけ、より一層顔の白さを際だたせ、つけぼくろも流行しました。またこの時代の香水文化は、清潔より香りが重要視されていました。当時、人々に入浴の習慣はなく、悪臭を紛らわすために特に宮廷では毎日違う香りをつけるのがエチケットとされていました。美しい香水びんや容器も多くデザインされました。

さて18世紀半ばにはマイセン磁器工場は成形、絵付けの両分野で絶頂期を迎えていました。ケンドラーとヘロルトによって完成したヨーロッパ磁器様式による作品は１７４０年前後に最初の作品群が作られ、その後長年に渡り磁器の形態の規範とされました。

■マルコリーニ時代

この時代は市民階級が封建主義に反発し、華やかなロココは次第に受け入れられなくなってきます。この時、マイセン工場も存続の危機に瀕していました。マイセンはフランスの占領下であったためさまざまな要因から経営が極めて困難であったのです。１７７４年、マルコリーニ伯爵がマイセンの救世主となるべく工場長となったのですが、絵付けを施していない磁器を販売するという大きなミスを犯し、最終的には１８１３年、彼はマイセンの工場長を退職

することになります。

彼の在職した40年間、マイセンのいわゆる「マルコリーニ期」の大きな特徴は特に花模様の絵付けなどにおいて新古典主義の影響が多々見られるという点です。

■新古典様式

このマルコリーニの時代、マイセン窯の立役者ケンドラーの後継者として、フランスのヴィクトール・アシェを迎え入れました。

彼は農民や天使、庭師の子供など「箴言シリーズ」として、多くの作品を制作しました。いずれもケンドラーにある豪華さはみらませんが、単純で素朴な人間の感性を表現しました。このことから、アシェはフランス・ロココ様式をマイセンに伝えると同時に、当時フランスに広まりつつあった「新古典主義」に関心を向けていたことが分かります。

「新古典主義」とは、本来、古代ヨーロッパの芸術様式の模倣で、最初はギリシャ、次いでローマ美術の模倣が中心となりましたが、これは１７４８年のイタリアの古代都市ポンペイの発掘や、文豪レッシングの『ラオコーン』や、ヴィンケルマンの『古代美術史』などの古典文化への関心の高まりが引き金となったものです。

特にこの新古典主義運動に最も重要な役割を演じた、イギリスの陶芸家ジョナサン・ウェッジウッドは１７８６年、「ホメロスの壷」と呼ばれる青地に白を貼りつけた精緻を極めた壷を制作しました。またこの年、彼は古代ローマ時代のカメオ・グラスの傑作「ポートランド壷」をジャスパー・ウェアでコピーすることを思い立ち、１７９０年には、５年の歳月をかけてその焼成に成功しました。以後、ヨーロッパでは急速に新古典主義が広まったのです。

１７６９年、マイセンの見習いとなったユッフッェルはこの時代に活躍し、その生涯をマイセンに捧げました。彼は成形部門の主任となり、有名な「三美神」をはじめ「収穫の女神」など多くの名作を残しています。

ウエッジウッド

アンピール様式の皿

バラ模様アンフォーラム型飾壷
（箱根マイセン庭園美術館）

6 19世紀のマイセン

■アンピール様式

19世紀に入るとヨーロッパの磁器を巡る状況は大きく変化しました。古くからの磁器工場の多くは流行の新古典主義の波に苦悩していました。この当時25にも及ぶヨーロッパの磁器工場は生き残りをかけて競い合わなければならなかったのです。この頃生産形態そのものも大量生産へと移って行ったのです。そしてこの重大な局面で新しい状況に適応する創造力や経済力に欠けたため脱落していった工場も少なくありませんでした。多くの工場がそれぞれ問題を抱えて模索を続けている最中に一つの様式が出現しました。それはフランス帝国のナポレオン1世によって生み出された「アンピール様式」です。皇帝は政治や軍事の他に文化の領域においても常に強い影響を及ぼしたのです。一般的にアンピール様式とは皇帝様式、すなわち19世紀初めのフランスの建築、工芸様式の一つで古典主義的な形態で力強く荘重な作風が特徴です。アンピール様式では、フランスのエトワール凱旋門、マドレーヌ寺院、フォンテンブロー宮殿の謁見の間、イギリスの国会議事堂などが有名です。それらの装飾品と家具は直線構成とシンメトリーでナポレオンのイニシャル「N」が飾られたりスフィンクスや白鳥や月桂樹などで飾られました。このようにアンピール様式の大きな特徴はナポレオンの権威を強く誇示するためのものだったのです。

またアンピール様式の家具の中には古代エジプトやギリシャの装飾様式をふんだんに取り入れ、全体的に重々しく武骨なデザインとなっているものもあります。モチーフとしては、スイカズラ、唐草羽根をつけた人物像、輪をくわえたライオン、脚部が動物の足首になっているものなどもあります。

こうしたアンピール様式を軸にナポレオンの野望がふくらんでいきます。

皇帝は自国の「セーブル窯」がヨーロッパの最高の地位を獲得するため、あらゆる手段でその野望を果たそうとします。例えばナポレオンが敵視していたマイセン磁器の輸入は当時一般人には固く禁じられていたのです。ナポレオン1世の画策によって総裁政府下で混乱していた「セーブル窯」は崩壊の危機を脱し、かつての栄光を取り戻したのです。さらにナポレオンは国家元首の特別歳費で予算を組み、経済的に守る政策を取り、学術的、技術的な基礎固めや設備の充実をはかり、ヨーロッパの模範的な磁器工場に変身したのです。

　また、ナポレオンは自分の弟に優れた工場長を探すように命じ１８００年、アレクサンドル・ブロンニャールが工場長としてセーブル窯に迎え入れられます。彼は当時のセーブル窯では硬質磁器は人物像のみで、他はすべて軟質磁器であったのをすべてに硬質磁器を採用し、製品の質の向上と製作期間の短縮をはかりました。これによってヨーロッパの磁器工場間の競争において優位に立ったのです。この頃の新しいアンピール様式において磁器は清潔で透明感がある簡潔な形が好まれていました。これによって器は平滑な面が増え、デザイン上絵付け師の需要が高まり、多くの熟練技術者が育成されました。そしてセーブル窯においても最も重要視されていたのが色彩の豊富さです。この時代マイセンにおいては18世紀半ばにすでに誕生していた風景画がセーブル工場では成熟期を迎え、やがてこの流行はヨーロッパ各地の磁器工場へと広がっていったのです。

　満を持してナポレオンは１８０５年に工場を自らの所有にかえたのです。

　さてこの頃のアンピール様式の工芸として有名なのがゴブラン織りです。これはゴブラン家によって発案された織り方で現在はタピストリー、いわゆるタペストリー全般を指します。

　さて、マイセン工場はこの時代、前述したように極度に困難な状況下に喘いでいました。時代は実用食器を主流とする磁器の世紀を迎えていました。この困難な状況の中、新しい工場長キューンの改革によってマイセン工場は大きな変貌を遂げます。次に彼の偉大な功績について解説しましょう。

■キューンの改革

マルコリーニ期に引き続き苦難な状況が続く中、１８１４年にフォン・オッペルとハインリッヒ・ゴッドロブ・キューンとマルティニによる三頭指導体制が始まります。特にこの頃マイセンが抱える問題の一つとして原料が粗悪だったことがあげられます。そのためオッペルとキューンによって鉱山学の知識を基盤に原料の改良が進められました。そして１８１７年からはキューンが正式な工場長となり、最高責任者である彼一人の手によって、いよいよマイセン工場の大改革が始まるのです。

絵皿のバラ文様

人物群像時計（部分・箱根マイセン庭園美術館）

　まず、第一期と呼ばれる１８１４年〜１８２８年においては彼は次のような改革を成し遂げます。

①新しい磁土の開発と従来の磁土の改良。これには彼の鉱山学の知識が多いに役立っているのです。ザクセンの鉱山学は１７６５年にアカデミーが創設され目覚ましい進歩を遂げているのです。

②新式の窯の導入。この窯は二層式で容量が大きく、燃料や労働の省力化につながりました。

③楕円形の「ろくろ」を設置することによって生産性の向上をはかりました。

④次に大型の駆動設備を設けることによって工場内の機械化をはかりました。

⑤新しいモデルの制作、および作品台帳の整理をして成形部門の見直しと共にデザインの幅を広げ単純化を防ぎました。

⑥生産コストを押えて適正な販売価格を設定しました。

⑦新しい金彩「グランツゴールド」の使用開始。このグランツゴールドとは、キューンが開発した焼成後の研磨工程のいらない特殊な金彩のことです。

　次の第二期と呼ばれる１８２８年〜１８６３年にかけては、さらに次のような改革がなされます。

①木材から石炭への燃料の転換によって木材の節約をはかりました。

②工場内に蒸気エンジンを設置しました。

③トリービュシュタールへの工場の移転。この工場の移転はマイセンの歴史の中で最も重要事項の一つとされています。産業革命の結果、新しい機械や技術を充分に機能させることのできる工場がどうしても必要となりましたが、中世にできた城の中の工場では、

もはやこれらを果たすには無理があったからです。

キューンの改革によって新天地に移ったマイセン。新しい工場は次のようなことが定義づけられています。

1…磁土の採掘場から近い距離にあり、原料の改良にも技術の改良にも便利な新時代にふさわしい設備を整えた工場であること。

2…絵付け師たちにとって充分な光に恵まれた明るい作業所であり、すべて工人にとって働きやすい工場であるということ。

3…高度な品質維持が可能な工場であるということ。

4…すべての工程において伝統を守りながらより効率化できる工場であること。

5…ヨーロッパ最古の磁器工場が再び華やかな道を歩みつつあるという印象を明確に与える工場であること。

19世紀にヨーロッパの磁器製造に共通して決定的な役割を果たしたのは科学技術の発展です。キューンの科学技術の発展を基礎にしたすぐれた発明が今日のマイセンの成功につながっているのです。

さてにこの時代におけるマイセンの作品の中に多く見られるのが次に解説する「ビーダーマイヤー様式」です。

■ビーダーマイヤー様式

その語源については、1850年からドイツの風刺週刊誌の中に登場する架空の小学校の教員の名前に由来しています。

そもそもビーダーマイヤー様式とは19世紀前半のドイツ、オーストリアを中心にもっと身近で日常的な物に目を向けようとして生まれた市民文化で、家具、服飾、文学、歴史、磁器などの世界で広く反映されています。本来ビーダーマイヤーとは作家ヴィクトル・フォン・シェッフェルが平凡な小市民を描いた小説の主人公「ビーダーマン」と「ブンメルマイヤー」を合成した言葉です。

本来この様式はロココと次にくるロマン主義の間に位置するドイツ芸術の典型的な一様式で、市民階級の無気力を表したものですが、マイセンの中においては平凡な市民生活や野の草花を装飾に用いることで知られています。

この時代、マイセンでは工場外の作家を招きアトリエ制作を数多く行っていました。

秋の収穫と子供たち（フォーシーズンシリーズ・箱根マイセン庭園美術館）

新しくなったマイセン美術館（ドイツ）のショップ

1855年のパリ万国博覧会、1862年のロンドン万国博覧会では「ウニカート」と呼ばれる作家物の創作磁器を初め、多くの優れた作品を発表しその名声を高めたのです。

次にマイセンのビーダーマイヤー様式の作品例を見ていきます。

まずは「ワインリーフ（葡萄の葉）」。これは1817年頃創案されマイセンの中でも、もっとも愛好され、かつ普及した装飾の一つです。この絵付けは典型的なビーダーマイヤー様式の作品で、彩色には1817年に開発された銅緑釉が使われ、輪郭線や葉脈もイリジュウムによる黒い線で描いたりマイセンの古典的な模様で今日もなお繰り返し作り続けられています。

また「マイセン・ローズ（マイセンの薔薇模様）」は1860年頃、ビーダーマイヤー様式の影響を受け誕生したマイセン独特の薔薇模様で、特に黄色と深紅を主としたものは「マイセン・ローズ」と愛称され、またマイセンのシンボル的な装飾となるもので、開花した一輪の薔薇が描かれ、そのそばにつぼみが配されている構図が見られます。

さらに「ブルーフルーテッド（麦わら菊）」はデンマークのロイヤルコペンハーゲンのパターンとして有名ですが、マイセンの方が古くから存在しています。

この様式の作品としては、植物や自然なものへ注目した作品が多く作られ、家族愛や生活の中のささやかな喜びなどをテーマとし、ほのぼのとした心暖まる場面や、良き隣人への愛といった、現代と共通する多忙な時代にこそ、価値が改めて問われるテーマを題材にしています。またキーワードとして欠かせないのが「親密」「気楽」「謙虚」または「実用主義」、そして小市民的でロマン主義的な風潮などがあげられます。19世紀という時代はそれまでの一握りの宮廷の趣味世界から脱し、裕福な市民階級の文化の時代で、バロックからロココ、そして端正的な美の復活を象徴する新古典主義の様式が共存し、裕福な市民が自らの美を求めた時代なのです。

さらに時代は20世紀へとゆっくり流れて行きます。

7 20世紀のマイセン

■美術様式の流れ

20世紀はマイセンにとってどのような時代だったのでしょうか。

まず、この時代の美術様式についてその流れをみていきましょう。１９００年に近づくにつれてヨーロッパ各地で様々な新しい芸術様式が生まれました。まず、イギリスの「アーツ・アンド・クラフト運動」。これは産業革命によってさまざまな工芸品が合理的に大量生産され、人々の暮らしが便利で豊かになってきた反動で、手作りの良さを見直そうとする動きがあり、その先駆けとなった運動です。しかしながらこれはかなり時間とコストがかかり、また市民階級の台頭によって、スポンサーとなるブルジョア層が減少したために長続きしませんでした。

フランスの「アール・ヌーヴォー」は、19世紀末から20世紀初めにフランスを中心に流行した芸術様式で、ジャポニズム推進派であるヴァン・デ・ヴェルデによって広められました。アール・ヌーヴォーを直訳すると「新しい芸術」ということになります。この様式はモチーフとして花や、植物、虫など自然界をありのままに写実する美的表現を装飾や美術の分野で活発に展開したものです。代表的な作家としてはエミール・ガレ、ドーム兄弟、そしてルネ・ラリックがいます。

ラリックはジュエリーの世界でアール・ヌーヴォーを表現した作家ですが彼は自然と人間の関わりを彼独自の雰囲気で表現しています。例えば彼のジュエリーはありのままの自然を写すのではなく、ラリック流にデフォルメされた表現となっています。そのスタイルも初期と後期ではかなり変化していきます。初期の作品は優美な曲線的なデザイン的に対して、後期は写実の世界に幾何学模様が加わり、造形も抽象化のイメージは強くなってきます。これはやがて来る「アール・デコ」様式への助走といえます。

またこれをドイツ語で表現すると「ユーゲントシュティール」。このユーゲントとはドイツ語で「青春」という意

時計と少女（ショリイヒ・箱根マイセン庭園美術館）

アラビアンナイトの絵皿（ヴェルナー・箱根マイセン庭園美術館）

アラビアンナイトのカップ（ヴェルナー・箱根マイセン庭園美術館）

味で、雑誌の名前にもなりドイツ語圏内における「アール・ヌーヴォー」様式の呼び方です。

また、オーストリアではこの頃ゼツェッションと呼ばれる様式が生まれます。これは過去の様式から分離しなければならないという思想から生まれた様式で１８９７年ウイーンに起こった建築、美術、工芸様式のことで、形態や色彩の単純化や明確さを主張したもので、代表的な作家に、工芸家のヨーゼフ・ホフマンや接吻の絵で有名なグスタフ・クリムトなどがいます。

■マイセン窯の状況

さてマイセン窯においても、昔ながらの伝統的なモチーフを大切にする一方で、工場の外からの有能な芸術家達を招き入れ、新しい作風の物も多数発表しました。アール・ヌーヴォー期のマイセンの作品はどれも個性的で学術的には大変評価が高かったのですが、一般的にはコレクターの間では人気がなく、現在ではほとんど生産されておりません。

１９４５年以降、マイセン工場は戦後数年の間に中核となる職人を呼び戻し、次世代の芸術家を育てるための教育も継続的に行われ、工場全体の質の向上に全力が傾けられました。１９４９年ドイツ民主共和国の国家主義が承認されると、マイセン工場はソビエト連邦から返還され、そして１９５０年ようやく「国立マイセン磁器製作所」と命名されたのです。１９６０年代後半には工学博士のカール・ペーターマンを総責任者に迎え入れ、工場全組織の再建と共に造形面での再建に力を尽くし、その結果１９７０年代にマイセンは技術面、芸術面、経営面などあらゆる面で磁器メーカーとして最高の水準に達したのです。

こうしてマルコリーニ期から苦難の時代を経て、20世紀にようやくベストコンディションを得たマイセン工場ですが、そこではさまざまな試みがなされています。

まず「ヘンチェル人形シリーズ」があります。これは１９０５年にヘンチェルによって制作されたシリーズで、子供や動物をモチーフにその表情をとらえています。特にブルーオニオンのカップを持った男子の人形は現在でも人気が高く、その小さなカップの

裏にもなんと青い双剣マークが入っていて、大変細かい部分にまで気を配った遊び心のある心和ませる作品です。

近年マイセンではアール・ヌーヴォーやアール・デコ、または、インダストリアル・デザイナーによる作品なども制作されました。例えばこの時代の有名なカップソーサーとして「彗星模様」や「クロッカス」、またハインツ・ヴェルナーによって「青いバラ」のシリーズも制作されましたが、市場ではあまり受け入れられませんでした。これらの前衛的な作品は決して主役ではなく短命ではありましたが商業的に成功した作品も多く存在するのです。

次に20世紀中頃のマイセンの芸術家とその作品について見ていきましょう。1913年、マイセンの販売責任者として工場に入ったマックス・アドルフ・ファイファーがいます。マイセンにとって大変波乱に満ちた時代で、1914年に第一次世界大戦が勃発し、その4年後に敗戦し、1926年にはファイファーが工場の総裁に就任し、この苦難な状況下においても、マイセンは秀作を発表し続けたのです。しかしヒットラーのナチスの台頭時代は急速に不運な方向へ歩み始めました。ついに1933年ナチスの独裁政治の影響でファイファーは工場長を解任されます。そして1945年工場は破壊され、操業停止となり、その後工場はソビエト軍の管理下に置かれます。1950年、ようやく工場は返還され「ドイツ民主共和国、国立マイセン磁器公団」としてスタートします。

さてこの時代にファイファーと共にマイセンの秀作を発表した20世紀を代表する芸術家として、まずパウル・ショイリヒがいます。代表作に「ロシアン・バレエ」や「ムーア人と女」などがあり彼はケンドラーの伝統的路線に沿った作品を多く手がけました。

次にマックス・エッサーは、「象のキャンドル立て」を始めとする動物の造形を多く手がけ、彼の作品はマイセンの古典的な動物表現が強く受け継がれています。またエルンスト・バールラハには代表作として空中に舞う「ギュストローの天使」や、今日なお需要の多い「農民の夫婦」などがあり、特に初期の作品は彼が1906年ロシアを旅した時に得たイメージを彫刻で表現したものです。

コーヒーカップ
（箱根マイセン庭園美術館）

マイセン美術館の絵付けの実演コーナーにて

さてマイセンはいよいよ20世紀から21世紀にかけて新しい芸術の形を模索しつつ、五人の選ばれた芸術家達によって大きな発展をみせることになります。

■「芸術創造のための集団」の誕生

マイセンでは、磁器公団創立250年の記念行事の一環としてツヴィンガー宮殿の一部として陶磁博物館が開館しました。これにあわせて1960年、芸術的な要請から集団作業の必要性が唱えられ「芸術創造のための集団」が結成されました。

その集団を構成する五人は、現代マイセンの主要な芸術家として知られているハインツ・ヴェルナー、ペーター・シュトラング、ルディ・シュトレ、そしてルートヴィッヒ・ツェプナー、フォルクマール・ブレートシュナイダーです。

当時の工場長のペーターマンは、五人の芸術家達に次の世代の新しい芸術作品の制作がマイセンの新たな希望の星となるようにさまざまな課題を与えました。それは伝統という制約を新しいものの中に追求し創造的に拡大していくという壮大なテーマでした。

この伝統的であることの制約は、原料や製造工程が前提条件とされましたが、1700年代のケンドラーによる食器の新しい形態の発明が画期的であり、完成されたものであったために、マイセンにおいて新しいものを探求する上で返って障害となっていたのです。しかしこの基本形は伝統的なフォルムに共通する保守的なイメージを与えられるので、それはいつか克服されなければならない大きなテーマであったのです。

さてこの五人の作品の特徴や傾向を見ていきましょう。

まずハインツ・ヴェルナーの代表作には「アラビアンナイト」や「ブルーオーキッド」があり、絵付け師である彼は花に関して約80種類の多種多様な形と色彩を取り入れた作品を残しています。

ペーター・シュトラングは彫刻家としてヴェルナーやシュトレなど絵付け師と共に合作で多くの名作を生み出し、伝統とは全く違った新しい創造の喜びを示しました。代表的な作品として五人の人物をサーカスのピエロに見立てた「ミュージック・クラウン」はユニークな作品として知られています。

またルディ・シュトレはヴェルナーと同じく絵付け師であり、多くの素晴らしい版画を残しています。代表的な作品は「彗星」や「月光」など、リノリウム版画による夜空を描いた美しい作品が有名です。

ルートヴィッヒ・ツェプナーは造形の分野で活躍しています。五人の中でも最年長で、この運動の中心的な役割を果たしました。絵付け師ヴェルナーとの「アラビアンナイト」のベースや、「真夏の夜の夢」などシェークスピアの作品を題材にした新たな形態と装飾を創造しました。その他に「ブルーオーキッド」などのフォームも手がけています。特に「アラビアンナイト」の装飾は古い東洋のおとぎ話の世界をユーモアなタッチで描き、多彩な手法によって、その形態に生命感を与えたのです。

そしてもう一人の絵付け師フォルクマール・ブレートシュナイダーも「ウニカート」と呼ばれる貴重な一点物作品を多く残しています。

この芸術集団の活躍は現代マイセンの芸術性を高め、その国際的評価もきわだっています。彼らは必ずしも伝統にしばられることなく、自由な発想で制作して作品の幅を広げ、その表現形式をも拡大しました。この芸術集団こそ、マイセン窯の新たな挑戦と創造のシンボル的存在なのです。

さて、300年の伝統的な技法を頑なに守りながら、マイセン窯は多くの才能溢れる芸術家達の新しい感性と創造力で、今もなお進化し続けています。次に現代マイセンの特徴と魅力について考えてみたいと思います。

■現代マイセンの見方

まず食器としての特徴は、形状が一定であり絵付けの柄に芸術性があるということです。

例えばツェプナーは「グローサー・アウシュニット」と呼ばれる花形のフォルムを創作しました。これはブルーオニオンのカップでお馴染みのケンドラーによる「ノイアー・アウシュニット」をさらに進化させ、丸みをおびたその形はツェプナーがインドに旅行した際、蓮の花からヒントを得たといわれています。

絵付けの実技

絵付けのプロセス

また絵付けに関しては、いままでに無かった個性的な題材をもとに、芸術性の高い作品が多く発表されています。絵付けの種類によっては、例えばヴェルナーの「アラビアンナイト」や「真夏の夜の夢」などストーリー性のある物は芸術品として大変価値が高いものです。

これに対して「ブルーオーキッド」のシリーズは、ブルー一色の絵付けで白地に蘭の花とアーモンドの木を大胆に描いた作品で、どちらかというと日常食器として大変人気があります。

また、少なからずこの時代はアーティストの世代交代の時期となり、オーソドックスなデザインから変化し、歴史的な香りの薄い現代アートとして個性的で斬新な作品が多く生まれました。

マイセンの絵付けの歴史上の大きな特徴として、東西ドイツ統合後、絵のできが悪くなったという傾向もあります。これは統合により生産性の向上が求められ、賃金問題などから優秀なペインターの流出が原因とされています。東西ドイツが統合される前には、マイセンは東ドイツの重要な外貨獲得品であり、日本ではG・Kジャパンを通じてのみ輸入されていたので、品質管理上生産数も限定され、稀少価値のある食器として位置づけられていました。

またアトリエ制作の作家による一点物としてお馴染みの「ウニカート」にも個性的な作品が多く発表されています。

この他に「プラーク」と呼ばれる陶板なども現代マイセンにおいて大変定評があります。マイセンローズを初めとする花や植物、または鳥や獣を描いた作品が多く、珍しいモチーフとして鷺、ペンギン、馬などがあり、とても人気があります。

限定製造品やすでに製造中止となっている作品や、希少価値と呼ばれる世界限定品や、そして証明書がつく一点物のなども現代マイセンならではの魅力です。

時代が移り変り、現代マイセンも過去のものとなった、新しい時代に、どのような芸術様式が生まれ、傑作が生まれるのかは未知の世界の話ですが、いつの時代もマイセンの高い芸術性とその品格は変わることなく存在し続けるでしょう。

8 マイセンの窯印

■窯印とは

誰もが、食器店やレストランで美しい食器や珍しい磁器に出逢ったとき、ついその皿やカップをひっくり返して裏側に記されているマークを見てしまうことがあります。

彫像や容器など、磁器の裏側に記されたマークを「窯印」と呼んでいますが、この章ではその本来の意味について考えてみたいと思います。

窯印とは本来、陶磁器につける記号で、特に日本の古い窯は共同窯として使用されていたものが多く、作者や注文主を区別するために彫りつけたり押捺したりしていました。例えば、日本の窯の中でも備前の窯印には「イ・丸・十」など簡単な表現のものが多く、陶磁器や窯の道具の底、肩、胴などに目印としてつけていました。そして、陶磁器の真価というものを評価するときには、その様式、絵付け方法、製造工場の歴史など総合的に見て判断されるので、経験豊富な収集家以外にはむずかしいものですが、窯印を見ることによって、作品がいつの時代の、どの工場で作られたかを知り、その作品の価値を知る大きなてがかりとなるのです。

西欧においても、アンティークの陶磁器のほとんどにメーカー独自の窯印が入っています。例えばマイセンなら剣のマーク、セーブルならLの字が交差したマークですが、これによって製作年代を知る手がかりとして大いに活用できるわけです。この窯印には種類が多く、正確に知るための『ポーセリン・マークブック』という解説本もあります。

陶磁器の歴史を見ると、買い手の意向、あるいは売り手そのものによって窯印に手を加えられることもあるので、作品を見分けるには、形態とかテーマ、絵付けの方法など、陶器自体の特徴とともに、窯印にもそれらの特徴と同じくらい関心が持たれていたことがうなづけます。窯印が正に陶磁器の価値基準となっているのです。つまり作品の表面的特徴に対して、窯印は年代的、美術様式の特徴を表していて、その役割としては贋作や模倣品から保護することや、年代的に見て稀少性を発見することもしばしばあります。

双剣のマークをかかげるマイセン美術館

ここで一つの例を見てみましょう。例えば、ブルー・オニオンのカップとソーサーのフォルムとしては有名な「ノイアー・アウシュニット」が挙げられます。ケンドラーによって１７３０年代にデザインされたこのフォルムは、２６０年間１度も形を変えていません。花のようにふくよかなこのフォルムは、マイセンの中でも最も古いモデルの一つで、マイセンが東洋の影響から脱して独自の様式を確立した代表的な作品です。「ノイヤー」とは「新型」の意味で東洋の真似ではない、初のオリジナルのデザインを誕生させたケンドラーの意気込みが感じられます。そして、このように同じフォルムでも年代毎に違う窯印が描かれているのです。つまり、その時代ごとの美術様式や作品の特徴を、窯印を通して収集のための判断基準とすることができるのです。したがって製作された工場はその信頼に背くようなことがあってはならないのです。

そこでこの保障のために、マイセン工場では一つの措置を講じています。それがマイセンの製品の格と品質を保障する「青い双剣」なのです。

■マイセンの青い双剣

マイセン窯における窯印を「青い双剣マーク」といいますが、この誕生は１７２２年11月8日にさかのぼります。その日、ベットガーの後継者として監督を務めていたシュタイン・ブリユックは一つの提案をしました。次の世代の後継者はもとより、遠い将来の後継者たちすべてにあてて、彼は「今後販売されるマイセン磁器に選帝侯の紋章から剣の模様をとって、釉薬の下にコバルトブルーで描く」というものでした。この時以来、青い双剣の名は広く知り渡りました。青い双剣マークはこうして始まったのです。

この窯印は一つ一つの作品の出荷作業が完了するまで、マイセン工場が全責任を負うという意味の証なのであります。また、製品が工場を離れた後も、西洋の芸術磁器としての信頼を保つために可能な限り努力を重ね、かつて作られた贋作や模倣品から保護する責任をも引き受けています。古い時代の窯印の権利保護は、国際的な文化的重要課題なのです。

このように、マイセンの窯印は具体的に一つ一つの商品を通して、ブランドとしての保証を約束しているのです。

青い双剣マークの窯印が真正のオリジナルマイセンを証明するためには、製品にも厳しい品質保証が求められました。国際的にも高い水準にあるマイセン工場で作られた製品の窯印の保障するものは次の通りです。

1…原料の品質の高さ。前述した通り、長年にわたり上質の磁器土を工場専属の採掘場から掘りおこす所から理解できます。

2…絵の具、釉薬、生地土などに関する化学、物理的な工程、および調土、焼成などの技術的管理。こうした工程は300年近く秘伝の技法として厳しく管理されて来ました。

3…保存されているオリジナルモデルや指導者に基づくフォルムや装飾との同一性。これは保存されている原形は大切に次の世代へ受け継がれ、時代ごとにさまざまな形でよみがえるという意味です。

4…伝統的な手仕事による製作。これは大量生産やオートメーションを避け、手作業による制作にこだわったことへのプライドです。

5…工場の確たる責任体制と高い専門能力。これは各工程に高い専門能力を持つ職人を置き、工場全体で一体感のある仕事をしているということです。

6…絵付け前の段階での厳しい白地の選別。これは厳しく選別された白地のみに絵付けをするということです。

7…工人達の厳しい自己管理。一人欠けても生産が遅れるため、一人一人が体調や技術面の自己管理を怠らないということです。

8…的確な経営管理。これは良い作品を生産するためには、経営面での管理が必須だということです。

9…国家による品質管理。もはやマイセンは国際的な文化遺産であるということです。

10…マイセンの典型的なモデラー、成形工、絵付け師による一貫性のある仕事。これは手作業のため、作品ごとに大きな差が生まれないようにモデラー、成形工、絵付け師にはバランス感覚が求められるということです。

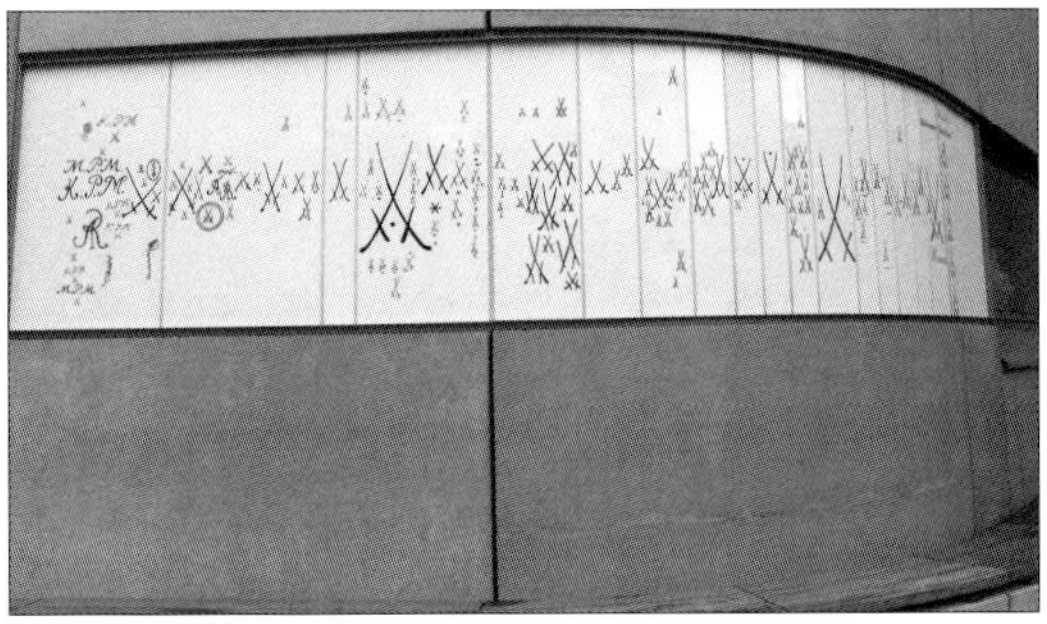

マイセン美術館・エントランスの双剣マークのタイル

マイセンファクトリー社長と

11…製作集団の創造性。これは古いものを守りながらも新しい芸術性を生み出そうとする力強さが求められます。

12…顧客の反響に関する充分な検討。これは売れ筋や人気シリーズ、またはそうでないものを顧客の反響によって分析し、検討する姿勢です。以上が窯印の保証の内容になります。

前述したように、古い時代の窯印の権利と保護は国際的な文化的重要課題ですが、マイセン磁器製作所が主として18世紀の窯印に対する商標権を保有しているのはこのためです。また、長いマイセンの歴史において窯印も時代ごとにさまざまに変化して来ているので、収集家の中にはマイセンの作品の成形工や絵付け師の署名に強い関心をいだく人もいます。

■マイセンの窯印の歴史

前項で解説したように、マイセンのコバルトブルーの窯印は1722年に採用され、窯印専門の絵付け師によって描かれてきましたが、アウグスト強王の紋章である剣の描き方は歳月と共に微妙に変化してきました。

初期のマイセンではアウグスト強王の「イニシャル」（A.R）で、ラテン語の「アウグスト・レックス」と読み、これがマークとして用いられていましたが、1722年に王家の紋章の双剣マークが採用され、製作所の監督官の交代などで変貌していきます。

当初は剣が真っ直ぐでつばの部分はわずかに曲がり柄頭も表されていましたが、時代とともに、よりサーベルに似た形となり、刀は優雅に湾曲し柄頭は示されなくなりました。刃の交差する位置もしばしば上下に移動し、さらに星や点、弓、形などマークも双剣に書き添えられたものも現れました。窯印の変遷は作品の制作年代を決定する一つの手段となっています。

またマイセン磁器製作所の商標として1875年以後国内外に登録され、かつ法的に保護されているのです。

さらにマイセンのマークは時代ごとのその特徴をそなえています。

最近のマイセンの絵付けと

金彩が施された作品、例えば「アラビアンナイト」などには金彩担当者の番号がしるされています。

また青で絵が描かれた作品、いわゆるシリーズ物にはシリーズペインター番号が書かれています。ただしペインターの個性的な文字のものや、「ブルーオニオン」など染付タイプのものでは文字がつぶれていて読めないことが多々あります。

そして白地の物、例えば「波の戯れ」などは「バイス」という文字が刻まれています。「バイス」とは白色という意味です。そして絵付け用に販売された物はホビーコレクションと呼ばれ１本のスクラッチが入っています。

近年のマイセンについて見ると、１９５７年～１９７２年の作品にはマイセンマークの下に印があり、１９７２年～１９８０年の作品にはマイセンマークの右に印があります。また、１９８０年～１９８５年の作品にはマイセンマークの左に印があります。さらに１９５７年～１９８５年の作品にはマイセンマークの横に小さなブルーの線や点が入っています。これは旧東ドイツ時代に製作されたものといわれています。通常「アンティーク」と呼ばれるものは約１００年以上経過しているのでこれらは比較的新しい作品といえるでしょう。

次に「限定生産品」について説明しましょう。

マイセンでは記念の年に世界限定品としてその時代のマークなど入れた製品も生産しています。例えば１９９９年の限定品は19個の内何個目と表示されています。また２０００年限定品にはアウグスト王の「モノグラム」の下に２０００と表示されています。そして「マイセン創立２７５年周年」の記念品には、金でマイセンマークの下に２７５と表示されています。

このように限定品の裏にも特別なマークが入っているのです。生産数が決まっているものには通し番号が入っていたり、証明書がついているものもあり、通常の製品と区別しています。またアトリエで製作された陶板では、「アトリエ製作」となり、通常Ａのマークが入っています。また有名な作家の作品には「イニシャル」も入っていて、ハインツ・ヴェルナーの作品にはH・Wと印されています。しかしながらこれは「ヴェルナー」の直筆という訳ではありません。

壊れてもマイセン、されどマイセン

世界限定品として製作された「鍵型の祝杯」

次に「ウニカート」について説明しましょう。

これはマイセンの特別な作家によって古くから作られている、シリーズとは全く別の作品のことで、いわゆる一点物の作品です。これらはアトリエで作られ証明書がつく特別なもので「ウニカート」又は「ユニークピース」などとも呼ばれ、この世に一点しかないのでコレクターにとっては正に宝物のような作品になります。ところでもし皆さんが国内外でマイセンをお求めになり、少し不安な時は次のことに注意してみて下さい。

まずマイセンの証である双剣マークを確認しましょう。しかし、このマークが入っていても安心はできません。最近ではこのマークだけでなくペインター番号や柄番まで巧妙に真似た偽物も出回っています。

これらの被害に遭わないために、特に古い作品ほど購入のときには次のポイントに注意して下さい。まず「価格があまりにも安いもの」。安いはずがありません。次は「マイセン・スタイルといって売られているもの」や「マークが印刷のもの」。マークは必ず手描きなので印刷はありえません。時代と共にマイセンの磁器に書かれている「双剣マーク」は変化しているので、おおよその年代が判定できるのでそれらを参考に作品を選ぶのも良いでしょう。いずれにしても本物を見分けるには長い年月、沢山の本物を見て眼を養い自分のお金で真剣に選び買い求めることが一番の近道であると思います。

「双剣マーク」については、巻末の資料を参照してください。★

日本宮外壁のシノワ像

マイセン磁器と関連事項		ヨーロッパの陶磁器	
		1760	〔イタリア〕カルロスIII世スペイン王となり、カポディモンテ窯をマドリッドのブエン・レティロに移す
1763	アウグストIII世死去 ブリュール伯死去	1763	〔スイス〕チューリッヒ磁器窯開設
1764	フランスの彫刻家アシエがマイセンへ移りケンドラーのあとを受けて主任彫陶家となる マイセン近郊ザイリッツでカオリン鉱発見される	1764	〔イタリア〕コッチ窯開設
		1765	〔イギリス〕ジョサイア・ウェッジウッドがクリームウエアの焼成に成功
		1768	〔フランス〕リモージュ近郊でカオリン鉱発見
		1769	〔フランス〕王立セーブル磁器製作所で硬質磁器の焼成はじまる
1772	ロシアのエカテリーナII世から40点の大彫像の注文を受ける		
1774	C.マルコリーニ伯が工場の経営を引き継ぐ		
1775	ヘロルト、ケンドラー死去	1775	〔デンマーク〕ロイヤル・コペンハーゲン磁器製作所操業
		1786	〔イギリス〕ウェッジウッド、ジャスパーウエアを完成
1790	工場は深刻な経営危機に陥る		
1798	燃料にはじめて石炭を使用する		
1813	ナポレオン戦争で工場はフランス軍に占領される マルコリーニ辞任、以後フォン・オッペル、H.G.キューン、マルティニの3人の指導体制となる		
1817	キューンが酸化クロームによる緑色の釉下彩を開発		
		1826	〔ハンガリー〕ヘレンド磁器製作所を開設
1827	キューン総監督となる	1827	〔スウェーデン〕グスタフスベルイ製陶所開設
1831	工場は王立から国立に移管		
1860	磁器製作所開設150年を記念して、翌年より工場をアルブレヒツブルク城内からマイセン市内のトリービッシュタールに建設移転することを決める		
		1874	〔フィンランド〕アラビア製陶所開設
1878	キューンの時代から工場は多大の利益を得る		
1890	ユーゲント・シュティール様式興る		
1903	ドレスデンの宮廷の外壁を飾るタイル絵〈君主の行列〉の制作を開始、約25,000枚が用いられる	1903	〔オーストリア〕ホフマンらがウィーン工房設立
1910	工場設立200年祭、従業員1,400人を数える		
		1920	〔イギリス〕バーナード・リーチ、浜田庄司とセント・アイブスに陶器工房開設
1934	ヒットラーの支配下で工場は不遇の時代に入り、従業員数は半減		
1945	戦火によって工場は損傷、操業が中止される		
1946	工場はソビエトの管理下に置かれる	1946	〔フランス〕ピカソ南仏バロリスで作陶を開始する
1950	ロシアより返還され、新たに国立マイセン磁器公団として再出発	1950	〔イタリア〕ファエンツァ国際陶芸展開催
1960	磁器公団設立250年、これを記念に芸術創造のための集団を結成、マイセンの新たな時代を築く		
		1970	〔フランス〕ヴァロリス国際陶芸展開催

	マイセン磁器と関連事項		ヨーロッパの陶磁器
1727	彫刻家キルヒナー、マイセンの主任彫刻家に任命される レーヴェンフィンクが柿右衛門様式の絵師として活躍		
1730	ケンドラー、宮廷彫刻家となる	1730	〔イギリス〕この頃スタッフォードシャーのアストバリーが白色炻器の焼成を開始する
1731	ヘロルト、美術総監に任命される		
1733	アウグスト〈強王〉死去、この時王は35,798点の磁器を収集していた キルヒナーがマイセンを去り、ケンドラーが主任彫刻家となる王の死後、宰相ブリュール伯が工房の責任者となる		
1735	彫刻家エーベルライン、マイセンに雇用される	1735	〔イタリア〕カルロ・ジノリ侯がフィレンツェ郊外にドッチア窯を開設
1736	ケンドラー〈イタリア喜劇〉の制作はじめる。この頃ケンドラーはロココ様式の小彫像の制作に転換する		この頃ドイツ各地に磁器窯開設
1737	ヘロルトシノワズリーに代りヨーロッパ風の花〈ヨーロッパの花〉に移行		
		1738	〔フランス〕ヴァンセンヌ軟質磁器窯開設
1739	〈ブルー・オニオン〉文様が盛んとなる 宰相ブリュール伯より約2,000点のディナー・サーヴィスの注文を受け、ケンドラー、エーベルラインと共にスワン・サーヴィスの制作を開始する		
		1740	〔イギリス〕スタッフォードシャーのアストバリが白色炻器を焼成
		1741	〔ドイツ〕フルダのファイアンス工房でレーヴェンフィンク活躍
		1743	〔イタリア〕カルロスIII世がカポディモンテ窯を設立
		1744	〔ロシア〕フンガーがペテルスブルクに赴き、ロシア帝室磁器窯を開設
1745	ザクセンのアウグストIII世はプロイセンのフリードリッヒ〈大王〉との戦に敗れ工場は破壊され、マイセン磁器がベルリンに持ち去られる。工場の多くの従業員がマイセンに連行される	1745	〔イギリス〕フライがボウ磁器窯を開設 〔イギリス〕この頃コーンウォールで磁土を発見
		1746	〔ドイツ〕ヘクスト磁器窯開設
		1747	〔ドイツ〕ミュンヘン郊外にニェンフェンブルク磁器窯開設
1748	マイヤーが彫刻家に任命される	1748	〔ドイツ〕フュルステンブルク磁器窯開設 〔イギリス〕ウースター磁器窯開設
		1749	〔イギリス〕ボウ窯で〈ボーン・チャイナ〉焼成 〔イギリス〕ダービー窯では軟質磁器が製作される 〔イギリス〕ブリストルで凍石を含む磁土開発される
		1750	この頃よりヨーロッパでロココ様式が顕著となる
		1752	〔フランス〕ヴァンセンヌ窯が王立軟質磁器製作所となる
		1753	〔フランス〕ポンパドール夫人の提言で同磁器窯をヴァンセンヌからセーブルの地に移転
		1755	〔ドイツ〕フランケンタール磁器窯開設
		1756	〔イギリス〕J.サドラーが銅版転写法を実用化
		1757	〔日本〕オランダ東インド会社の日本磁器買付け終る 〔フランス〕王立セーブル磁器製作所設立される

マイセン窯年譜　前田正明

マイセン磁器と関連事項		ヨーロッパの陶磁器	
		1575	〔イタリア〕メディチ磁器の焼成（～87）
		1602	〔オランダ〕連合東インド会社（V.O.C）を設立
		1616	〔日本〕肥前有田で磁器焼成はじまる
		1622	オランダ商館マカオで磁器買付けを開始
		1644	〔中国〕明朝滅亡
		1647	この頃柿右衛門赤絵の絵付けに成功
		1659	〔オランダ〕東インド会社、有田に大量の磁器を注文
			〔オランダ〕この頃よりフライトム、ファイアンスの陶板画制作
		1673	〔フランス〕ルーアンのポテラが軟質磁器焼成の特許を得る
		1679	〔フランス〕ムスティエファイアンス窯開窯
		1693	〔フランス〕サン・クルーで軟質磁器の焼成開始
1694	兄ゲオルク４世の死去にともないアウグスト〈強王〉サグセン侯国の王位につく		
		1696	〔フランス〕ルーアン一帯にファイアンスの工房が興り、一大窯業地となる
1697	アウグスト〈強王〉ポーランドの王位を兼ねる		
1701	J.F.ベットガー、プロイセンから逃亡し、ドレスデンにくる		
1702	化学者チルンハウス、ベッドガーに引見する		
1705	ベッドガー、アルブレヒツブルク城で磁器の実験をはじめる	1705	〔ドイツ〕シャルロッテンブルク宮に〈磁器の間〉が完成
	S.シュテルツェル、ベットガーの助手となる		
1708	チルンハウス、ドレスデンで死去		
1709	ベットガー、白磁器の焼成に成功したことを国王に報告		
1710	アルブレヒトブルク城内に磁器工房開設、ベットガー初代監督に任命される。またこの頃国王アウグスト〈強王〉盛んに東洋の磁器を収集する		
1711	宮廷銀細工師イルミンガーがアルブレヒツブルク城を訪れ、300ポンドの赤色土をドレスデンに持ち帰る		
		1712	この頃フランスのカトリックの神父ダントルコールが景徳鎮の磁器について著述する
1713	ライプツィヒの見本市に白磁器を出品		
1717	フンガーがマイセンよりウィーンへ逃亡	1717	デュ・パキエがウィーン磁器窯を設立
1719	シュテルツェル、ウィーンに逃亡する		
	ベットガー死去、享年37才		
1720	絵師ヘロルト、ウィーン窯よりマイセンに来て主任絵付師となる	1720	フンガーがウィーンを去り、ヴェネツィアのヴェッツィ工房に赴く
1722	マイセン窯でK.P.M.の窯印が用いられる		〔フランス〕ストラスブールでファイアンスの生産はじまる
1723	ヘロルト、染付の製法を入手する		
	この年はじめて双剣の窯印を用いる		
1724	ヘロルト、宮廷絵師に任命される		
		1725	〔フランス〕コンデ公、シャンティーイ軟質窯を開設

マイセンの窯印について

コバルト・ブルーのマイセン窯印の双剣は1722年に採用された。窯印は、シュヴェルトラーとよばれる窯印を描くことを専門とする絵付け師によって一点一点手描きされる。

アウグスト＜強王＞の紋章である剣の描きかたは、歳月とともに微妙に変化があり、当初は剣が真っすぐで、鍔の部分はわずかに曲がり、柄頭も表されていたが、時代が下がると、よりサーベルに似た形となり、刃は優雅に湾曲し、鍔は真っすぐになり、柄頭は示されなくなった。また、刃の交差する位置もしばしば上下に移動、さらに、星形や点、弓形などのマークを双剣に書き添えられたのも現れた。

こうした窯印の変遷は作品の制作年代決定の手段の一つとなっている。また、マイセン磁器製作所の商標として1875年以後、国内外に登録され、かつ法的に保護されている。

マイセンマークの変遷

アウグスト〈強王〉のモノグラムは、今でもザクセンの多くの建造物などにみられるが1720年以降、君主が使用する磁器のマークとして用いられた。しかし当時は、厳密なきまりがなかったようで、1734年にはザクセン宮廷官房より、「いかなる事情であっても、国王陛下のお許しなくしてこのモノグラムを付けてはならない」との勅命が出されている。今世紀になってからは、制作年を書き加えることによりオリジナルとの混乱を避けている。

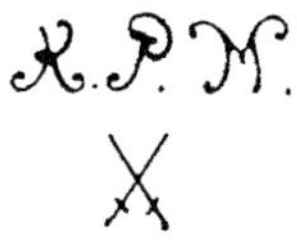

王立磁器工場を省略したもので、当初は選帝侯の交差する双剣がない形で1722年から用いられている。翌23年には、今後全てのマイセン磁器にはこのマークを入れるとライプツィヒとプラハで公示されたが、1725年以降は時折用いられる程度になった。

鞭と呼ばれるこのマークは、しばしば単独で用いられ、また時には他のマークと併用される事もあり、とりわけ1720～30年間のマイセン磁器に見受けられる。

1723年以降K.P.M.の頭文字と一緒に一つの商標として用いられるようになり、1731年から63年には常にこの窯印が描かれるようになった。

1756年以後とくに1763年から74年には恒常的に二本の剣の鍔の間に小さな一つの点が表現されることになった。剣の形もまた以前のものと比べて、かなり変化を見せている。

双剣の柄の間に描かれた小さな星型は、マルコリーニが工場長を勤めていた時代の製品である事を示すもので、1744年から1815年まで用いられた。

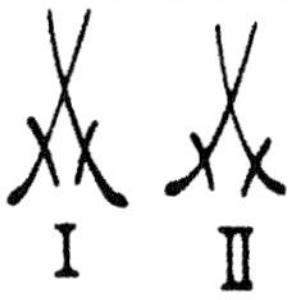

マルコリーニの星型の廃止後、1820年までの柄の間には数字のＩが描かれ、その後どのくらいの期間かはっきりしないが、IIも用いられている。

以後、わずかに緩やかな弧を描いた刃は、比較的高い位置で交差し、それが下方の柄頭を引き立たせている。剣はこのまま1924年まで変化しない。

マックス・アドルフ・ファイファーの経営による時代、双剣は優雅にわん曲し、柄頭はなくなり、剣先の間に小さな点が描かれるようになった。この窯印は1924年から33年まで続いた。

1933年から45年まで、双剣の窯印はほぼ一定の形で描かれている。マックス・アドルフ・ファイファーの点は描かれていない。

第二次世界大戦の終結から1947年までの短い期間、上方が開いた弓形が双剣の下に描かれている。

今日、双剣の窯印はなにも描き加えられていない。刃の交差する位置は比較的中央で、鍔は刃と反対の方向にほぼ同様の弧を描いている。

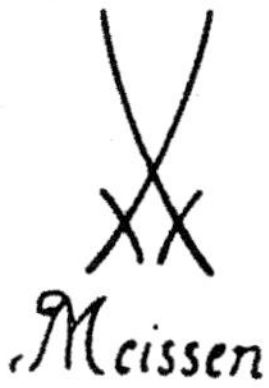

この窯印は1972年以後の特別な製品に描かれている。また、本書をはじめすべての印刷物にも国立マイセン磁器製作所のシンボルとして、入れられている。

Böttgersteinzeug

1919年以来、炻器製品には双剣の窯印に加えてこのマークが描かれている。炻器製品の窯印は手描きではなく、捺印したものを使用しています。

出典：「マイセン磁器」
国立マイセン磁器製作所史料編集室

マイセンの誘惑《ゆうわく》
村田朱実子《むらたすみこ》 ― 私《わたし》の宝石箱《ほうせきばこ》

●定価はカバーに表示してあります

2007年 4 月10日　初版発行

著　者　村田朱実子《むらたすみこ》
監修者　前田正明《まえだまさあき》
発行者　水野　渥
発行所　株式会社日貿出版社
東京都千代田区猿楽町 1 - 2 - 2　日貿ビル内　〒101 - 0064
電話　営業・総務（03）3295 - 8411／編集（03）3295 - 8414
ＦＡＸ（03）3295 - 8416
振替　00180 - 3 - 18495

印刷・製本／株式会社サンニチ印刷
レイアウト・装幀／株式会社ノリック

ISBN978-4-8170-8122-3　http://www.nichibou.co.jp/

乱丁・落丁本はお取り替えいたします。